Pickleball

기초부터 실전까지

피클볼
완전정복

질문 하나에서 시작된 피클볼의 기적

대한피클볼지도자협회 교육 부장 **곽정희**

2019년 11월, "피클볼이 뭔가요?"라는 제 한마디에 300km를 달려와 주신 한 분 덕분에 저와 피클볼의 인연이 시작되었습니다. 처음에는 경쾌한 타구 소리와 좁은 공간에서도 부담 없이 즐길 수 있다는 점이 매력적으로 다가왔고, 피클볼이 북미와 유럽, 아시아 등 세계 곳곳에서 폭발적으로 성장하고 있다는 사실에 더욱 호기심이 생겼습니다.

이후 지난 5년간 세계적인 선수들의 경기와 레슨 영상을 찾아보고, 미국과 캐나다에서 출간된 관련 서적을 탐독하며 피클볼을 깊이 있게 배우기 시작했습니다. 그리고 중고등학교 체육 수업과 대학 평생 교육 강좌, 전국 교육청과 체육교과연구회에서의 강의를 통해 피클볼을 보다 쉽고 체계적으로 전하고자 꾸준히 연구했습니다.

이 책은 그간의 경험과 고민을 담아 피클볼의 기초 이론부터 전략과 전술까지 차근차근 풀어낸 실용적인 가이드입니다. 이제 막 피클볼을 시작한 '피린이'부터 실력을 키우고 싶은 동호인, 현장에서 아이들을 지도하시는 선생님들께 조금이나마 도움이 되기를 진심으로 바랍니다.

무엇보다 지치고 힘든 순간마다 함께 걸어주신 임성철 선생님, 하소형 선생님께 깊은 감사의 마음을 전합니다. 피클볼의 생생한 순간을 멋지게 담아주신 고동영 작가님, 이 책이 세상에 나올 수 있도록 밤낮없이 애써주신 한올출판사 대표님과 임직원들께 진심으로 감사드립니다.

불의의 사고로 좌절했던 저를 다시 코트에 설 수 있도록 응원해 주시고 늘 새로운 도전과 영감을 주신 케이피피 유용상 대표님, 대한피클볼지도자협회 강양수 대표님께도 감사의 마음을 전합니다. 아낌없는 시간과 열정으로 함께 한 피클루션의 김용주, 김희숙, 서태원, 오현주, 임택곤, 장일준, 정용문 선생님, 항상 든든하게 지원해 주시는 율라 코리아와 세심하게 챙겨주시는 신종엽 과장님께도 깊이 감사드리며, 진심 어린 존경을 보내 드립니다.

그리고 언제나 제 곁에서 큰 힘이 되어주는 남편, 사랑하는 딸 유빈이와 아들 현중이에게도 마음 깊이 고맙고, 사랑한다고 전하고 싶습니다. 당신들이 있어 저는 오늘도 새로운 도전을 이어갈 수 있습니다.

PREFACE

피클볼, 손에 잡히는 책이 되기까지

운산고등학교 체육 교사 **임성철**

처음 피클볼을 접했을 때 저는 느낄 수 있었습니다. 이 종목은 분명 학교 체육과 생활 체육 현장에 잘 어울리고, 많은 사람들에게 사랑받게 될 거라는 예감이었죠. 작고 가벼운 패들을 처음 봤을 땐 마치 피자 화덕에서 피자를 꺼낼 때 쓰는 도구 같아 웃음이 났고, '피클볼'이라는 이름도 어딘가 정겹고 친근하게 다가왔습니다. 그렇게 피클볼과의 인연은 유쾌하고 따뜻한 느낌으로 시작되었습니다.

피클볼은 제 예상을 훨씬 뛰어넘는 속도로 우리 일상 곳곳에 스며들고 있습니다. 학교 운동장, 생활 체육관, 공원, 심지어 복지관까지, 피클볼 네트가 하나둘씩 설치될 때마다 '정말 올 것이 왔구나!' 하는 뿌듯함이 밀려왔습니다. 피클볼을 더 잘 알고 싶어 책을 찾아봤지만, 아직 종이로 된 입문서나 안내서가 거의 없어 많이 아쉬웠습니다. 그래서 문득 생각했습니다.

'그럼 내가 직접 써보는 건 어때?'

마침 제가 쓴 《스포츠 진로 찾기》라는 책이 출간되었고, 그 과정에서 만난 한올출판사와의 인연이 무척 따뜻하게 다가왔습니다. 원고를 정성껏 다듬어 주시고, 언제나 진심으로 소통해 주시던 그 모습에 큰 신뢰를 느꼈습니다. 그래서 자연스럽게 '피클볼 책도 꼭 이분들과 함께 만들고 싶다'는 마음이 생겼고, 그 꿈을 실현하기 위해 곽정희 선생님, 하소형 선생님과 손을 잡고 피클볼 여정을 함께 시작하게 되었습니다.

1년이 넘는 시간 동안 함께 달려온 이 여정은, 말 그대로 도전이자 기쁨이었습니다. 각자의 경험과 생각을 나누고 정리하면서, 한 장 한 장이 점점 더 알차고 풍성해졌습니다. 세 명의 교사가 함께 머리를 맞대고, 실전 수업 자료를 꺼내어 보고, 때로는 밤늦게까지 수정과 토론을 거듭하며 만든 이 책은 정성의 결정체입니다. 서로를 믿고 응원하며 쌓아 올린 작업이라 더욱 애틋하고, 그만큼 더 큰 의미가 있다고 생각합니다.

　　그리고 이 책에 진짜 생명을 불어넣어 주신 분이 계십니다. 바로 고동영 작가님입니다. 피클볼의 역동성과 즐거움, 그리고 생생한 현장의 감동을 고스란히 담아낸 그의 사진은 단순한 삽화를 넘어서, 이 책 전체의 분위기와 에너지를 완성해 주었습니다. 한 컷, 한 컷의 사진마다 땀방울이 느껴지고, 웃음소리가 들리는 듯한 생동감이 살아 숨 쉬고 있습니다. 작가님의 세심한 시선과 탁월한 연출 덕분에 이 책은 단지 '읽는 책'이 아니라, '보는 순간 함께 뛰고 싶어지는 책'이 되었습니다. 진심으로 깊은 감사의 마음을 전합니다.

　　이 책이 피클볼을 처음 접하는 분들께는 친근한 입문서가, 이미 즐기고 있는 분들께는 실력을 키우는 좋은 길잡이가 되었으면 합니다. 무엇보다 이 책을 통해 피클볼이 학교에서도, 동네 체육관에서도, 그리고 엘리트 체육 현장에서도 더 널리 퍼지고 활짝 꽃피우는 계기가 되길 바랍니다. 피클볼의 매력은 이제 시작입니다. 이 책과 함께 그 매력 속으로 한 발짝 다가가 보시길 바랍니다!

PREFACE

학교 체육의 미래, 피클볼을 만나다

대도중학교 체육교사 하소형

교직 23년 차지만 피클볼과 처음 만난 지는 이제 4년 정도 되었습니다. 이 종목은 제 마음속에 아주 특별하게 자리 잡았습니다. 처음엔 단순히 재미있는 운동이라고 생각했지만, 시간이 지날수록 청소년들에게 꼭 필요한 스포츠라는 확신이 들었습니다. 특히 신체 활동이 줄어들고 운동을 부담스러워하는 학생들에게 피클볼은 안전하면서도 흥미롭고, 누구나 쉽게 참여할 수 있는 스포츠라는 점에서 큰 의미가 있었습니다.

이 특별한 인연은 인근 여자 중학교에 근무하시던 곽정희 선생님을 통해 시작되었습니다. 여중생들이 체육 수업 시간에 큰 목소리로 함성을 지르며 온몸으로 즐겁게 뛰노는 모습을 보고 정말 놀랐습니다. 그 생생한 장면에 매료되어 저도 용기 내어 피클볼을 수업에 도입하게 되었지요. 남중학교 300명 학생들과의 첫 수업은 정말 잊지 못할 경험이었습니다. 학생들의 반짝이는 눈빛과 몰입하는 모습을 보면서 저도 이 종목에 푹 빠졌습니다.

이후 주말 영재 수업, 방과 후 프로그램, 각종 연수와 캠프 등 다양한 현장에서 피클볼을 접목해보면서 이 종목의 가능성과 확장성에 대해 더욱 확신을 갖게 되었습니다. 학교 체육의 다양한 변화와 지속 가능한 스포츠 활동을 고민하던 저에게 이제 피클볼은 가장 먼저 추천하고 싶은 종목이 되었습니다. 기본 기능은 간단하지만, 스트로크와 전략에는 또 다른 깊이가 있어 누구나 재미를 느끼며 도전할 수 있으니까요.

2023년 대한민국체육축전에서는 100명이 넘는 선생님들과 함께 피클볼을 즐기며 생생하게 소통했고, 2024년 경북체육한마당에서는 시민과 학생들이 함께 어울려 즐기는 모습을 보며 피클볼을 학교 현장에서 더욱 널리 확산시켜야겠다는 다짐을 하게 되었습니다. 여름에는 전국여자 체육교사모임 연수를 통해 초·중·고 전 학년과 남녀 모두에게 적합한 종목임을 다시금 확인할 수 있었습니다.

곽정희, 임성철 선생님과 함께 이 책을 준비하면서 나눈 피클볼에 대한 이야기, 수업 현장의 고민과 열정은 이 책 곳곳에 담겨 있습니다. 서로의 경험을 나누고, 더 나은 수업을 고민하며 함께 쌓아 올린 시간이 참 소중했습니다. 새로운 스포츠를 학교 현장에 도입하고 받아들이는 일이 쉽지는 않지만, 이 책이 여러분의 시작에 작은 용기와 도움이 되기를 바랍니다. 피클볼을 막 접한 분들, 더 깊이 배우고 싶은 분들, 수업이나 동아리에 적용하고자 하는 선생님들 모두에게 실용적인 가이드가 되기를 바라는 마음으로 정성껏 준비했습니다. 끝으로, 이 책이 건강과 행복을 향한 여러분의 여정에 따뜻한 동반자가 되기를 바랍니다. 감사합니다.

CONTENTS

I. 피클볼이 궁금해요 / 17

II 피클볼의 기초 경기 기능 / 57

Ⅲ. 피클볼 경기의 전략 전술 / 119

IV 레벨업을 위한 다양한 연습법 / 135

V 곽정희 선생님의 피클볼 여정: 사진으로 남긴 발자취 / 155

피클볼 현장 이야기 / 167

한국 피클볼의 미래 전망 / 223

Ⅷ 피클볼에 관한 교사들의 인식 조사 / 247

I

피클볼이 궁금해요

🏓 피클볼이란?

피클볼은 테니스·배드민턴·탁구의 규칙과 장비, 기초 기능 등의 특징을 고루 갖고 있는 패들 스포츠로서 탁구 라켓보다 큰 패들로 구멍이 뚫린 플라스틱 재질의 공을 치는 네트형 경쟁 스포츠이다. 피클볼 치는 것을 처음 보면 다른 라켓 종목과 비슷한 운동으로 생각할 수도 있으나, 피클볼에 입문하여 빠져들수록 피클볼은 기존의 라켓 스포츠와는 조금 다른 운동이며, 피클볼만의 독특한 특징과 매력이 있는 스포츠임을 알게 된다.

'피클볼'의 이름은 피클볼 창시자인 조엘 프리처드의 반려견인 '피클스'의 이름에서 왔다. 반려견 '피클스'가 종종 볼을 물고 덤불 속에 숨거나 뛰어다닐 때 "피클스, 볼!"이라는 말을 반복하다가 이 운동의 이름을 '피클볼'로 부르게 되었다고 한다. 피클볼이 많은 사람에게 알려지게 되었을 때 프리처드의 반려견인 '피클스'의 인기도 많았다고 하니 흥미로운 비하인드 스토리이다.

피클볼 경기장은 배드민턴 경기장 면적과 거의 비슷하고, 네트는 테니스의 네트 높이와 유사하다. 서버나 서버 팀이 랠리에서 이겼을 때 점수를 딸 수 있고, 랠리에서 질 때까지 서브를 계속한다. 점수를 획득할 때마다 자리를 바꾸어(오른쪽 또는 왼쪽) 서브를

피클볼을 즐기는
생활 체육 동호인

중학교 1학년
예술 체육 수업

고등학교 체육
피클볼 수행 평가

넣고, 게임은 11점까지 하며 10대 10이 되었을 때는 2점 차가 되어야 승부가 난다. 대회 운영 방식에 따라 15점 또는 21점 경기를 진행하기도 하며, 3세트 혹은 5세트 경기를 하기도 한다.

🏓 피클볼의 역사

인류 역사상 최초의 피클볼은 1965년 여름, 워싱턴주 Bainbridge Island의 하원 의원인 Joel Pritchard에 의해 시작되었다. 어느 토요일 오후, 골프를 치고 돌아온 조엘과 그의 친구들(Bill Bell, Barney McCallum)은 가족들이 심심해하는 것을 보고 함께 배드민턴을 치려고 했으나 셔틀콕을 찾을 수 없었다. 그래서 그들은 휘플볼(whiffle ball, 구멍을 뚫어 멀리 날지 못하게 만든 플라스틱 공)과 합판으로 된 패들(paddle)를 가져와 배드민턴 경기장에서 공을 치며 놀기 시작했는데, 이것이 피클볼의 시초가 되었다.

피클볼은 비교적 간단한 경기 규칙을 사용하여 배우기가 쉽고 재미있으며 상대적으로 신체적인 부담이 적어 모든 연령대가 즐길 수 있는 스포츠로 자리 잡고 있다. 최근에는 미국뿐만 아니라 캐나다, 유럽, 아시아 등 전 세계로 확산되는 추세이다. COVID-19 팬데믹 기간에는 작은 공간에서 쉽게 즐길 수 있는 운동으로 가족 단위의 동호인이 증가했다. 2017년에는 한국에서 피클볼을 아는 사람이 100여 명에 불과했지만, 2024년 현재 정기적으로 피클볼을 즐기고 있는 인구는 3,000명이 넘는 것으로 추산되며, 크고 작은 피클볼 동호회 100여 개 이상이 왕성하게 활동하고 있는 것으로

1965 ○▶ 피클볼의 탄생

공식 규칙서 작성 및 보급 ○▶ 1967

1976 ◀○ 세계 최초의 피클볼 토너먼트 대회
(미국 워싱턴주 South Center Athletic Club)

USAPA(미국피클볼협회) 창립 ○▶ 1984

2008 ◀○ 공식 규정집
(USA Pickleball Association
Official Tournament Rulebook) 출판

PICKLEBALL

🏓 피클볼의 역사

보인다.

재밌으면서도 다양한 장점을 많이 갖고 있는 피클볼은 '논발리존 규칙'과 '투바운스 룰'이라는 독특한 규칙으로 인해 기존의 전통적인 스포츠 경기 방식을 넘어 반전 매력이 넘치는 스포츠로 전 세계 많은 사람의 인생 스포츠로 오래도록 함께할 것으로 기대된다.

피클볼은 누가 할 수 있나요

피클볼은 남녀노소 누구나 참여할 수 있다. 미취학 어린이부터 70대와 80대 어르신까지 3대가 함께 즐길 수도 있다. 현재 미국의 현역 프로 선수 중에는 모녀 또는 부자가 파트너로 왕성하게 활동하고 있는 팀이 있으며, 사촌이나 남매가 남녀 복식과 혼성 복식에서 세계 정상급 선수로 활약하고 있는 팀도 있다. 2024년 현재 우리나라에서도 부부, 부녀, 부자, 모자, 모녀, 자매, 형제 등 온 가족이 함께 피클볼을 즐기고 있으며, 각 지역의 클럽마다 다양한 연령과 레벨의 피클볼 마니아층이 형성되었다. 특히 최근에는 초, 중, 고, 대학교 등에서 체육 교과 수업, 교양 수업, 동아리 활동, 방과 후 수업 등으로 개설되어 학교 체육에 활력을 불어넣고 있다고 한다. 이에 체육 관련 종사자들도 많은 관심을 갖고 피클볼로 유입되고 있다.

테니스는 기초 기능을 배우고 숙달하는 데 많은 시간이 걸리고, 상급자가 되기 전까지는 연속된 랠리로 즐거움을 얻기에 어려운 점들이 많다. 그러나 피클볼은 입문자나 초급자가 배우기 쉽고 계속되는 랠리는 재미있으며, 경기장은 테니스코트의 1/3 크기로 체력적으로도 큰 부담이 없다. 또한 간단한 규칙과 장비를 가지고 누구와도 함께 할 수 있는 신개념 글로벌 스포츠로서 신체와 정신 건강에 도움을 주고, 활발한 교류와 소통의 기회를 제공해 주는 힐링 스포츠이다.

피클볼 토너먼트에 참가한 19세 이하 선수들

피클볼 토너먼트에 참가한 60세 이상 선수들

피클볼이 미국에서 발달한 이유

쉬운 접근성과 간단한 규칙

피클볼은 테니스, 배드민턴, 탁구의 요소를 결합한 스포츠로, 배우기 쉽고 장비가 간단하다. 작은 코트에서 진행되므로 이동 범위가 적고, 비교적 낮은 운동 강도로 누구나 쉽게 참여할 수 있다.

다양한 연령층의 참여 가능

특히 시니어층에서 인기가 높다. 테니스보다 부상 위험이 낮고, 적당한 운동량을 제공하여 건강 관리와 사회적 교류에 유리하다. 또한, 세대 간 함께 즐길 수 있어 가족 스포츠로 정착되었다.

기존 인프라 활용 가능

피클볼 코트는 배드민턴이나 테니스코트처럼 기존의 체육 시설을 개조하여 활용하는 경우가 많아 인프라 확장이 빠르게 이루어졌다.

미국 피클볼협회의 적극적인 지원

USA Pickleball(미국 피클볼협회)이 공식 규칙을 정립하고 대회를 개최하며 홍보를 강화했다. 프로 리그 출범과 미디어 노출 증가도 피클볼의 성장에 기여했다.

미국 피클볼협회
공식 사이트

COVID-19 팬데믹 영향

팬데믹 기간 동안 실내 운동이 제한되면서 야외에서 즐길 수 있는 피클볼의 인기가 급상승했다. 적은 인원으로도 경기가 가능해 사회적 거리 두기와 병행하며 운동할 수 있다는 점이 부각되었다.

경제적 및 문화적 성장

피클볼 장비 시장이 성장하고 유명 스포츠 스타들이 투자하여 프로 리그가 활성화되면서 인기가 더욱 증가했다.

이러한 요인들이 복합적으로 작용하여 피클볼은 미국에서 가장 빠르게 성장하는 스포츠 중 하나로 자리 잡았다.

🏓 피클볼의 운동 효과

피클볼은 간단한 규칙과 적은 공간에서 즐길 수 있어 남녀노소 누구나 쉽게 접근할 수 있다. 특히, '운동'을 일상에 쉽게 통합할 수 있다는 점에서 그 가치를 인정받고 있다. 피클볼은 단순한 여가 활동을 넘어 심폐지구력과 근력을 강화하고, 정신 건강에도 긍정적인 영향을 미치는 전신 운동이다.

심폐지구력과 근육 강화라는 두 마리 토끼를 잡는 피클볼

피클볼은 전신 운동으로서 심장과 폐를 강화하는 데 탁월한 효과를 보인다. 경기 중에는 지속적으로 움직이며, 짧은 거리에서 빠르게 공을 주고받는 유산소 활동이 이루어진다. 이 과정에서 심박수가 증가하고, 심장과 폐의 기능이 자연스럽게 향상된다. 전문가들은 피클볼이 유산소 운동으로써 심혈관 건강을 개선하는 데 도움을 준다고 입을 모은다. 또한 피클볼은 상체와 하체, 코어 근육을 고루 자극한다. 빠른 방향 전환, 패들을 휘두르는 동작 등이 근력 강화에 기여하며, 특히 하체 근육과 복부 근육이 발달한다. 이러한 움직임은 일상 속에서의 체력을 향상시키고, 부상 예방에도 중요한 역할을 한다. 이로 인해 피클볼은 다양한 연령층에서 근육 발달과 체력 향상을 동시에 챙길 수 있는 효과적인 운동으로 주목받고 있다.

피클볼 경기를 즐기는 청소년들

체중 관리와 지방 연소에 유리한 피클볼

피클볼은 칼로리 소모가 큰 운동으로 체중 관리에 효과적이다. 1시간의 피클볼 경기에서 약 400~600칼로리를 소모할 수 있는데, 이는 조깅이나 자전거 타기와 비슷한 수준이다. 꾸준히 피클볼을 하면 체중 감량은 물론 체형 관리에도 큰 도움이 된다. 피클볼을 통해 증가한 근육량은 기초대사량을 높여 일상적인 활동 중에도 더 많은 칼로리를 소모할 수 있도록 만든다. 특히, 체지방 감소와 더불어 몸매 라인 개선에도 긍정적인 효과를 주는 피클볼은 여성들 사이에서도 인기 있는 운동으로 자리 잡고 있다.

유연성과 균형 감각을 키우는 피클볼

피클볼은 운동 강도가 지나치게 높지 않으면서도 유연성과 균형 감각을 크게 향상시킨다. 짧은 거리에서 방향을 빠르게 전환하고 순간적인 움직임을 요구하는 경기 특성상, 몸의 중심을 잡고 균형을 유지하는 능력이 중요하다. 이러한 과정은 코어 근육을 강화하고 전신의 유연성을 향상시키는 데 기여한다. 특히 고령자들 사이에서는 낙상 예방에 중요한 역할을 한다는 점에서 긍정적인 평가를 받고 있다.

정신 건강과 사회적 교류에도 긍정적인 피클볼

피클볼은 단순히 신체적인 건강을 넘어서 정신 건강에 미치는 영향도 크다. 경기 중에는 집중력과 순발력을 요구하며, 승패가 갈리는 상황에서 상대방과 전략적으로 교류해야 한다. 이는 두뇌 활동을 자극하고 인지 능력을 향상시키는 데 도움이 된다. 더불어, 스트레스 해소와 우울감 감소에도 효과가 있다. 운동 중 분비되는 엔도르핀은 기분을 좋게 하고, 일상적인 스트레스를 풀어준다. 또한, 피클볼은 대개 복식으로 이루어져 사회적 교류가 자연스럽게 이뤄진다. 친구나 가족과 함께 게임을 즐기며 유대감을 형성할 수 있다. 특히 팬데믹 이후 사람들과의 소통이 중요한 시점에서 피클볼은 사회적 상호 작용의 장을 제공하며, 사람들에게 즐거운 운동의 기회를 준다.

누구나 쉽게 시작할 수 있는 피클볼

피클볼의 가장 큰 장점은 접근성이다. 비교적 간단한 규칙과 장비 덕분에 운동 초보자도 쉽게 배울 수 있으며, 특별한 신체 조건 없이 누구나 즐길 수 있다. 또한, 넓지 않은 코트에서 진행되기 때문에 공간에 대한 제약도 적고, 시간도 효율적으로 사용할 수 있다. 이러한 특성 덕분에 피클볼은 어린이부터 노인까지 다양한 연령층에서 즐기기 좋은 운동으로 각광받고 있다. 피클볼은 기존의 운동들에 비해 입문 장벽이 높지 않고, 즐거움을 주는 동시에 체력 증진과 건강 관리가 가능해 누구나 쉽게 시작할 수 있어 점차 많은 사람들이 피클볼을 선택하고 있다. 피클볼은 재미와 운동 효과로 많은 이들의 삶에 활력을 불어넣고 있다. 이제 피클볼은 더 이상 단순한 유행을 넘어 건강한 라이프 스타일의 일환으로 자리 잡고 있다. 누구나 쉽게 즐길 수 있는 이 운동을 통해, 사람들은 더 건강하고 활기찬 일상을 이어가고 있다.

다양한 연령층이 함께 즐길 수 있는 피클볼

결론적으로 말해서, 피클볼은 단순한 레저 활동을 넘어, 전신의 신체 기능을 고루 향상시키는 유익한 운동이다. 유산소와 근력 운동의 효과를 동시에 얻을 수 있으며, 정신 건강과 사회적 교류 측면에서도 긍정적인 영향을 미친다. 특히 남녀노소 누구나 즐길 수 있고, 부상의 위험이 낮아 운동 초보자나 고령자에게도 적합한 운동이다. 피클볼은 단기적인 건강 증진은 물론 장기적인 웰빙을 위한 최적의 스포츠 중 하나로 자리 잡고 있다.

🏓 피클볼 부상 예방을 위한 8가지 방법

피클볼은 비교적 안전한 운동이긴 하지만 어떤 스포츠라도 부상의 위험은 항상 존재한다. 빠른 방향 전환으로 발목이 비틀려 염좌가 발생할 수 있고, 점프 후 착지 시 무릎에 과도한 스트레스가 가해질 수 있다. 반복적인 팔의 움직임과 강한 타격으로 인해 팔꿈치에 통증이 생기거나 어깨에 피로가 누적되어 만성적인 염증이 생기기도 한다. 피클볼은 비교적 저강도 운동이지만, 빠른 방향 전환과 반복적인 동작으로 인해 부상이 발생할 수 있다. 특히 무릎, 발목, 어깨, 팔꿈치 등에 부상이 자주 생기니 미리 예방하는 것이 중요하다. 피클볼을 즐기면서도 건강을 지키기 위해 꼭 알아야 할 부상 예방 방법을 살펴보자.

준비 운동과 스트레칭

어떤 운동이든 준비 운동은 매우 중요하다. 피클볼도 예외는 아니다. 경기 전 충분한 준비 운동을 하지 않으면, 급격한 움직임에 의한 부상의 위험이 크게 증가한다. 전문가들은 피클볼을 시작하기 전 최소 5~10분 정도 가볍게 조깅을 하거나 제자리 뛰기와 같은 활동으로 체온을 올려주는 것이 좋다고 조언한다. 이는 근육을 부드럽게 풀어주고, 심장과 폐를 준비시켜 운동 중 과도한 부담을 방지할 수 있기 때문이다. 특히 피클볼은 하체와 상체를 모두 사용하는 스포츠이기 때문에 전신을 골고루 준비시켜야 한다. 다리 스트레칭은 중요한 준비 운동 중 하나로, 햄스트링, 종아리, 허벅지 앞쪽 근육을 풀어주는 스트레칭을 통해 하체의 유연성과 근력을 키울 수 있다. 또한, 어

임성철 선생님의 체육 수업 시간에 준비 운동을 하는 학생들

깨와 팔꿈치 회전근개를 풀어주는 스트레칭도 중요하다. 피클볼은 패들을 사용하는 운동이기 때문에 어깨와 팔꿈치에 많은 부담을 준다. 이 부분을 충분히 풀어주지 않으면 패들을 휘두를 때 통증이 생기거나 회전근개 손상이 발생할 수 있다.

적절한 장비 선택

피클볼을 안전하게 즐기기 위해서는 올바른 장비를 선택하는 것이 중요하다. 특히 신발은 부상 예방에서 중요한 역할을 한다. 피클볼은 빠른 방향 전환과 갑작스러운 움직임이 많은 운동이므로 발목을 지지해 주고 미끄럼 방지 기능이 있는 운동화를 선택하는 것이 필수적이다. 피클볼 전용 운동화가 아니라도 발목과 발바닥에 안정감을 줄 수 있는 운동화라면 괜찮다. 발목 염좌나 넘어짐 사고를 방지하려면 신발의 접지력과 발목 지지력을 잘 확인해야 한다. 또한, 피클볼을 할 때 사용하는 패들도 부상 예방에 중요한 요소다. 패들의 특징과 무게는 개인에게 맞는 것이어야 한다. 맞지 않는 패들을 사용할 경우, 손목과 팔꿈치에 과도한 부담을 줄 수 있다. 패들을 고를 때는 손목과 팔꿈치에 부담을 주지 않도록 적절한 무게와 재질, 그립을 고려하여 선택하는 것이 중요하다.

피클볼 지도자들이 사용하는 다양한 패들

올바른 기술과 자세

피클볼의 기본 기술과 자세는 부상 예방에 큰 영향을 미친다. 잘못된 자세나 비효율적인 기술은 불필요한 부상을 초래할 수 있다. 피클볼을 즐길 때 가장 중요한 점은 중심을 낮추고 무릎을 약간 굽힌 채로 경기하는 것이다. 이렇게 하면 몸의 균형을 유지할 수 있으며, 과도한 충격을 하체에 집중시키지 않고 분산시킬 수 있다. 또한, 무릎을 굽히는 자세는 무릎과 발목 부상의 위험을 줄여주는 중요한 요소다. 또한, 피클볼에서 스윙을 할 때 손

피클볼 패들과 공

목을 과도하게 사용하지 않도록 주의해야 한다. 스윙을 할 때 손목에만 의존하지 않고 어깨와 팔꿈치, 팔 전체를 사용하여 자연스럽게 동작을 만들어내는 것이 좋다. 손목에 의존한 스윙은 과도한 부담을 주어 손목 부상을 일으킬 수 있다. 그러므로 기술 연습을 통해 팔꿈치와 어깨, 손목의 부하를 고르게 분배하는 것이 중요하다. 피클볼의

포핸드 드라이브 스윙의 원리와 타법을 설명하고 있는 팀 율라 피클루션의 김용주 마스터

특성과 패턴, 스윙 등을 정확히 가르쳐 주고 조언해 주는 선생님으로부터 좋은 자세
와 움직임을 배워 안전하게 운동하는 방법을 익혀 나가는 것이 좋다.

근력 강화와 균형 훈련

피클볼은 전체적인 몸의 균형을 요구하는 스포츠이므로 하체와 코어를 강화하는
훈련이 필요하다. 하체 근력을 강화하는 운동, 예를 들어 스쿼트, 런지 등의 운동은 무
릎과 발목을 안정시키는 데 도움이 된다. 피클볼에서 많은 움직임은 하체의 안정성에
의존하기 때문에 하체를 강화하면 부상 예방에 큰 도움이 된다. 또한, 코어 운동도 중
요하다. 코어는 몸의 중심을 잡아주는 중요한 역할을 하며, 불안정한 자세에서 발생
할 수 있는 부상을 예방한다. 플랭크나 브릿지와 같은 운동을 통해 코어를 강화하면
몸의 균형을 잘 잡을 수 있으며, 피클볼 경기 중에도 안정적인 자세를 유지할 수 있다.
균형 훈련도 부상 예방에 중요한 요소다. 한 발 서기와 같은 운동은 발목과 무릎의 안
정성을 높여주고, 빠른 방향 전환에 대한 적응력을 키울 수 있다. 균형 훈련을 통해 미
끄러지거나 넘어질 위험을 줄일 수 있다.

하체 근력 운동을 하는 모습

회복과 피로 관리

피클볼을 즐긴 후에는 충분한 회복이 필요하다. 경기 후에는 반드시 스트레칭을 해주어야 한다. 이를 통해 근육의 긴장을 풀어주고, 피로를 감소시킬 수 있다. 또한, 피로가 쌓이지 않도록 휴식을 취하는 것도 매우 중요하다. 과도한 운동은 근육에 무리를 주고 부상의 원인이 될 수 있다. 통증이 있으면 즉시 휴식을 취하고, 무리한 운동을 피하는 것이 중요하다. 피클볼을 한 후에는 아이싱이나 마사지를 통해 근육 회복을 돕는 것도 좋다. 차가운 얼음찜질은 염증을 줄여주고, 마사지는 근육의 피로를 풀어준다. 이러한 회복 방법을 통해 부상 예방과 동시에 경기력을 높일 수 있다.

통증 발생 시 즉시 대처

피클볼을 하다 보면 가벼운 통증이나 불편함이 생길 수 있다. 이런 작은 통증을 무시하고 경기를 계속 진행하면 부상이 악화되거나 만성적인 문제로 이어질 수 있다. 피클볼 중 통증이 발생하면 즉시 경기를 중단하고, 충분한 휴식을 취해야 한다. 또한, 통증이 지속될 경우에는 물리 치료나 정형외과 진료를 받는 것이 좋다. 특히 팔꿈치,

무릎, 어깨 등의 부위에서 통증이 나타날 경우, 적절한 치료와 조치를 받는 것이 향후 큰 부상을 예방할 수 있다.

자신의 체력과 건강 상태를 고려한 운동 시간과 빈도 결정

하루도 빠짐없이 장시간 운동하는 것은 자제해야 한다. '과유불급(過猶不及)'이라는 고사성어를 통해 알 수 있듯이 지나치게 하는 것은 오히려 해로울 수 있다. 피클볼 매력에 푹 빠져 밤낮 없이 코트를 뛰어다니며 공을 치다 보면 당연히 실력은 향상되겠지만, 얼마 가지 않아 신체 이곳저곳에 통증이 생기고 피로가 누적되어 큰 부상으로 이어질 수 있는 위험한 상황에 놓이게 된다. 항상 자신의 체력과 건강 상태를 파악하여 적절한 운동 시간과 빈도로 운동해야 한다.

주말에 피클볼을 즐기는 동호인

피클볼은 어디서 할 수 있나요

피클볼은 미국과 캐나다를 중심으로 급속하게 성장해 왔다. 최근에는 우리나라를 비롯하여 대만, 베트남, 싱가포르, 인도, 일본, 중국, 태국 등 아시아의 여러 나라와 유럽 등 지구촌 곳곳으로 확산하는 추세이며, 프로 선수들뿐 아니라 전 세계인이 즐기는 생활 스포츠로 자리 잡아가고 있다. 우리나라는 2016년 후반, 연세대학교 스포츠응용산업학과 허진무 교수가 미국 유학 중 알게 된 피클볼을 대학 수업과 다양한 지역 활동에서 소개하면서 처음 알려지게 되었다. 이후 쉽고 재밌는 피클볼의 특성과 전국 각 지역에서 활동하는 피클볼 마니아들의 열정으로 조금씩 자리 잡아가며 성장하고 있다. 2025년 현재, 강원도부터 제주도에 이르기까지 많은 피클볼 동호인이 왕성하게 활동 중이며 매주 새로운 클럽이 창단됐다는 반가운 소식을 전해 듣는다.

최근에는 피클볼 전용 구장이 전국 곳곳에 만들어지고 있고, 기존의 배드민턴장이나 농구장, 족구장 등의 미사용 시설을 피클볼 구장으로 리모델링하여 사용하거나 학교 체육 시설과 지역 공공 체육관에서도 피클볼을 할 수 있는 장소가 빠른 속도로 늘어나고 있다고 하니 피클볼 동호인들에게는 기쁜 소식이 아닐 수 없다. 전국 피클볼 클럽의 현황

제니의 Pickleball Information 사이트

과 담당자, 장소 등 구체적인 정보를 알고 싶다면 네이버 블로그의 '제니의 Pickleball Information'에 최신 자료가 잘 정리되어 있으니 참고하면 좋을 듯하다.

피클볼은 비용이 얼마나 드나요

피클볼은 경제적인 스포츠 중의 하나이다. 다시 말해서 가성비가 좋은 운동이다. 피클볼을 시작하기 위해서 값비싼 장비나 옷을 살 필요는 없다. 개인적으로 준비할 것은 볼과 패들로 충분하다. 최근 지자체 공공기관에서 운영하는 피클볼 생활 체육 교실이나 사설 피클볼 강습소에서는 볼과 패들을 대여해 주기도 하고, 상당 기간 무료 체험을 하게 해주는 곳도 많이 있다. 사용하는 빈도나 패들을 사용하는 스타일에 따

라 차이는 있겠지만, 구매한 패들은 평균적으로 1년 정도는 충분히 사용할 수 있으며, 테니스나 배드민턴 라켓처럼 줄을 교체하는 데 관리 비용이 따로 들지 않는다. 저렴한 것은 3~4만 원부터 있고, 비싼 것은 40~50만 원 정도인데, 패들의 종류나 재질, 브랜드에 따라 다르다. 볼은 약 1천 원에서 4~5천 원 정도이며, 다목적 코트에서 사용할 수 있는 이동식 네트는 약 10만 원에서 30~40만 원 정도로 제조업체나 품질에 따라 가격이 다양하다.

패들을 구매하는 방법은 인터넷 쇼핑몰을 이용하는 것이 가장 편리하긴 하다. 하지만 가격, 사진, 리뷰만 보고 고가의 패들을 샀다가 자신에게 맞지 않아 원치 않는 패들이 계속 쌓여 가거나 중고 숍에 내놓는 경우를 주변에서 자주 본다.

패들을 구매할 때 실패를 줄일 수 있는 팁을 몇 가지 공유하자면, 이미 패들을 구매하여 사용하고 있는 분들을 통해 패들의 특성과 장단점에 대한 다양한 정보를 먼저 얻는 것이 좋다. 가능하다면 그들의 패들을 빌려 잠시라도 사용해 보면 좋다. 또한 피클볼 대회가 열리는 경기장의 부스에서 제공하는 여러 회사의 제품을 직접 시타하거나 패들의 그립과 무게, 타격감 등을 직접 느껴 본 후에 신중하게 선택하기를 추천한다.

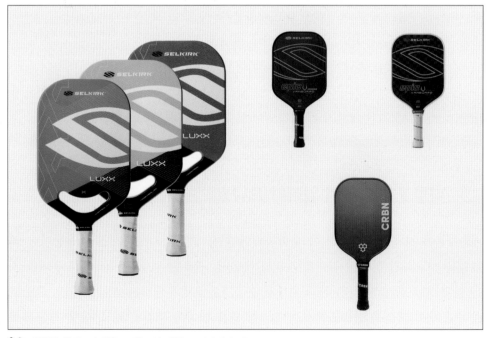

🏓 다양한 색깔, 디자인, 브랜드의 패들 – 케이피피 제공

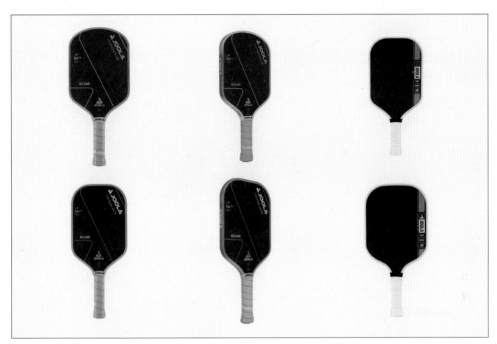

🏓 다양한 색깔, 디자인, 브랜드의 패들 – Joola Korea 제공

🏓 코트의 면적과 구성은

코트의 면적은 가로 20피트(ft), 세로 44피트이다. 라인은 보통 2인치(inch) 넓이이며 코트 면적에 포함된다. 네트 높이는 중간이 34인치, 양쪽 사이드가 36인치이며, 네트를 기준으로 양쪽 사이드로 7피트 되는 곳을 NVZ(Non Volley Zone)이라 하며, 흔히 '키친(kitchen)'이라고도 부른다. 언제든 NVZ에 들어갈 수는 있지만, 발리를 하면서 NVZ 또는 NVZ을 이루고 있는 어떤 라인이라도 침범하면 논발리존 반칙이 된다. 또한 발리를 하고 난 이후라도 연속적인 동작으로 NVZ 또는 NVZ 라인을 밟거나 패들을 비롯하여 선수가 착용하고 있던 액세서리가 NVZ에 떨어지면 반칙이다. NVZ에 바운스된 공을 치기 위해 NVZ에 들어가거나, NVZ 밖에 바운스된 볼을 치고 나서 NVZ에 들어가는 것은 규칙 위반이 아니다. 피클볼에서 NVZ은 매우 중요한 지역이므로 관련된 세부 규칙을 정확히 알고 평소에 자연스러운 움직임을 할 수 있도록 연습하는 것이 좋다.

논 발리 존
Non Valley Zone

일명 Kichen이라고 불리고
발리 금지 구역이다.
발리(Valley)는 공이 땅에 떨어지기
전에 바로 맞받아치는 것을 말한다.

🏓 논 발리 존(Non Valley Zone)

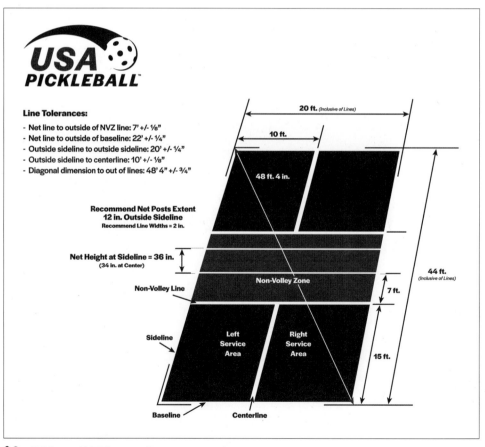

USA PICKLEBALL™

Line Tolerances:
- Net line to outside of NVZ line: 7' +/- ⅛"
- Net line to outside of baseline: 22' +/- ¼"
- Outside sideline to outside sideline: 20' +/- ¼"
- Outside sideline to centerline: 10' +/- ⅛"
- Diagonal dimension to out of lines: 48' 4" +/- ¾"

**Recommend Net Posts Extent
12 in. Outside Sideline**
Recommend Line Widths = 2 in.

Net Height at Sideline = 36 in.
(34 in. at Center)

Non-Volley Line

20 ft. *(Inclusive of Lines)*

10 ft.

48 ft. 4 in.

Non-Volley Zone

44 ft.
(Inclusive of Lines)

7 ft.

Sideline

**Left
Service
Area**

**Right
Service
Area**

15 ft.

Baseline

Centerline

🏓 피클볼 코트의 규격 – https://usapickleball.org/

코트 면적, 네트 높이, 라인의 넓이에 대한 것은 공식적인 규정이 있지만, 코트의 표면에 관해서는 별다른 규정이 없다. 현재 피클볼 코트의 표면으로 이용되는 재질은 나무, 아스팔트, 콘크리트, 플라스틱, 우레탄, 아크릴 등이 있으며, 이들의 차이점은 공이 바운스되는 정도이다. 피클볼 수업을 새롭게 시작하려는 선생님들로부터 자주 문의를 받는 것이 바로 코트 바닥의 재질에 관한 것인데, 모래나 흙으로 되어 있는 운동장이나 인조 잔디로 만들어져 있는 테니스코트에서는 공이 바운스되지 않거나 불규칙하게 바운스되기 때문에 피클볼을 하기에는 적합하지 않다.

피클볼 코트는 전용 코트와 다목적 구장으로 나눌 수 있는데, 전용 코트는 피클볼만 할 수 있는 장소로 피클볼 경기에 필요한 라인만 그려져 있고 피클볼 전용 고정식 네트가 설치되어 있다. 다목적 구장은 테니스, 배드민턴, 족구, 농구 등 여러 종목의 스포츠를 모두 할 수 있는 복합 공간으로 여러 종목이 가능하도록 다양한 라인이 그려져 있거나 라인 테이프를 이용해 임시로 피클볼 코트를 만들 수 있다. 이때는 설치와 철거가 쉬운 휴대용 네트나 다목적 네트, 지주대 등을 사용한다.

인천 송도에 있는 피클볼 전용 구장 – 제이필드1977 제공

① 베트남 리조트 내에 있는 피클볼 전용 구장
② 테니스와 피클볼을 함께 즐길 수 있는 구장–
　부산 일광하이리페움
③ 피클볼 전용 구장–부산 정관테니스탑 제공
④ 농구장을 활용한 피클볼 경기 개최

자체 제작한 피클볼 전용 지주대

이동식 휴대용 네트

공의 재질과 종류는

피클볼 공은 가벼운 플라스틱 재질로 만들어져 있고 모든 면에 동그란 구멍이 일정한 간격으로 뚫려 있다. 구멍으로 인해 공의 속도가 빠르지 않고 멀리 나가지 않는 특성이 있다. 종류는 실내용과 실외용이 있으며 색깔은 다양하다. 코트 표면의 종류나 상태, 날씨와 온도, 치는 사람의 스타일에 따라 내구성에 차이가 있을 수 있고, 금이 가거나 깨지면 폐기해야 한다. 추운 환경에서는 공이 파손될 확률이 높기때문에 경기전 따뜻한 곳에 두었다가 사용하는 것이 좋다.

실내용 공

실내용 공의 지름은 2.7~2.8인치이며, 26개 정도의 구멍이 있다. 실외용 공에 비해 표면이 부드럽고 가벼우며 콘트롤이 쉬워 랠리가 길어지기 때문에 경기를 재밌게 즐길 수 있다. 상대적으로 안정적인 환경에서 사용하므로 파손될 확률이 적고 교체 주기도 긴 편이다.

실외용 공

실외용 공의 지름은 3인치 정도이며, 40개의 작은 구멍이 있다. 실내용 공에 비해 구멍 지름의 크기는 작고 개수는 많은데, 이는 실외에서 바람의 영향을 보완하기 위한 구조이다. 상대적으로 거친 환경에서 사용하는 실외용 공은 두께감이 있고 무겁고 단단하며, 실내용 공보다 스피드가 빨라 콘트롤이 어려워 랠리가 줄어들 수 있다.

소음이 적은 공

실내용 공은 부드러운 플라스틱으로 만들어졌기 때문에 타격 시 실외용 공에 비해 소음은 적지만, 실내 경기장의 환경에 따라 상대적으로 차이가 있을 수 있다. 실외용 공은 딱딱하고 두꺼운 재질이어서 타격 시 매우 큰 소리가 나기 때문에 피클볼 구장이 주택가와 인접해 있다면 민원 발생의 주원인이 되기도 한다. 소음으로 인한 피해

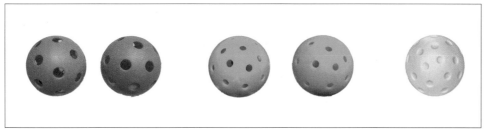

🏓 실내용 공(左)과 실외용 공(中), 폼볼(右)

를 최소화하기 위해 최근에는 폼 볼을 많이 사용하는데, 연습이나 비공식적인 경기에서 폼 볼을 사용하는 것은 가능하지만, 공식 경기에서의 사용은 불가하다.

🏓 패들은 어떤 특징이 있나요

테니스, 스쿼시, 배드민턴에서 사용하는 것은 '라켓'이며, 공이나 셔틀콕을 타격하는 부분이 나일론과 같은 합성 섬유 줄로 되어 있다. 피클볼에서 사용하는 장비는 '패들'이라 부르며, 공을 타격하는 부분이 단단하고 평평한 고체 면으로 만들어져 있다.

패들의 구조

패들은 크게 머리(Head)와 손잡이(Grip)으로 나눌 수 있으며, 패들의 헤드에서 넓은 면을 '패들면'(surface) 이라 하고, 헤드의 가장 자리를 엣지 가드(Edge Guard)라 한다. 비교적 타격감이 좋고, 공을 컨트롤하기 좋은 패들 면의 중심 부분을 스윗 스팟(Sweet Spot)이라 한다. 최근에는 패들의 중심이 넓어진 패들이 많이 만들어지는 추세이다.

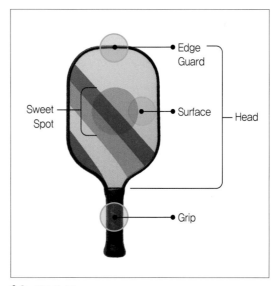

🏓 패들의 구조

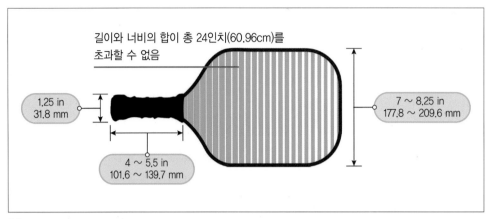

길이와 너비의 합이 총 24인치(60.96cm)를 초과할 수 없음

1.25 in
31.8 mm

4 ~ 5.5 in
101.6 ~ 139.7 mm

7 ~ 8.25 in
177.8 ~ 209.6 mm

🏓 패들의 구조

패들의 크기

- 패들의 가장자리(Edge Guard)와 손잡이 끝부분의 캡을 포함하여 패들의 길이는 17인치(43.18cm)를 넘으면 안 되고, 길이와 너비를 모두 합해서 24인치(60.96cm)를 초과할 수 없다.
- 표면. 패들의 타격 면은 평평하고 매끄러워야 하며, 질감이 있을 수는 있으나 공에 과도한 스핀을 유발하는 특징은 없어야 한다. 또한 상대 선수의 시야에 영향을 미칠 수 있는 반사 현상이 있으면 안 된다.

재질에 따른 패들 면(surface)의 특징

- 유리 섬유(glass fiber): 일반적인 소재로 강하고 공격적인 스타일의 선수에게 적합하다.
- 흑연(graphite): 얇고 가벼운 소재로 반발력이 좋아 빠르게 공을 치기에 용이하다.
- 탄소 섬유(carbon fiber): 가벼우면서도 강한 재질로 컨트롤을 중시하는 선수에게 적합하다.

패들의 무게와 두께

피클볼 패들의 무게와 두께에 관한 특별한 규정은 없지만, 일반적으로 패들의 무게는 light, medium, heavy 3가지로 분류된다.

light 6.0~6.9온스(ounces), medium 7.0~7.5온스, heavy 7.6온스이다. 일반적으로 패들의 무게는 11온스를 넘지 않으며, 패들의 두께는 0.375~0.625인치이다.

피클볼 복장은

피클볼 복장은 특별한 규정이 없어 대부분의 선수들이 트레이닝복, 티셔츠, 반바지, 테니스 치마 등을 입고 운동화를 착용하며, 기후나 날씨, 운동하는 장소에 따라 무엇을 입을지 결정하게 된다. 다만, 공식 대회에서 선수가 입은 옷이 볼 색깔과 비슷하여 경기에 영향을 미친다고 판단하면 심판은 선수에게 복장의 교체를 요구할 수 있고, 이를 선수가 거부할 시 경기를 몰수패로 판정할 수 있다.

신발은 코트 표면에 자국을 남기거나 변형을 주지 않는 것을 착용해야 하며, 일반적인 러닝화나 트레이닝화가 아닌 코트 바닥면에 적합한 신발을 신어야 한다. 다양한 코트 바닥 재질에 맞는 신발을 착용하면 앞, 뒤, 옆으로 신속하게 움직일 때 발과 발목을 안정적으로 잡아주어 민첩하게 움직이는 데 도움을 주고, 코트에서 다양하게 발생할 수 있는 안전사고를 예방할 수 있다. 신발의 크기는 발에 딱 맞는 것보다는 반 사이즈 정도 큰 것을 착용하여 발가락이 편하게 움직일 수 있게 하면 발의 기능을 최대한 발휘할 수 있다고 하니 신발을 구매할 때 참고하면 좋을 듯하다.

🏓 보호 장비를 착용해야 하나요

실내 경기장뿐만 아니라 실외에서 피클볼을 즐길 때 강한 햇빛으로부터 눈을 보호하기 위해서는 모자나 선글라스를 쓰고, 상대의 강력한 샷이 얼굴을 향해 빠르게 날아오거나 실수로 놓친 패들로 인한 눈의 부상을 방지하려면 스포츠 전용 보호 안경을 착용하는 것이 좋다. 또한 무릎, 발목, 손목, 팔꿈치 등 많이 사용하는 관절이나 상대적으로 약한 근육을 탄탄하게 지지해 줄 수 있는 보호대나 스포츠 테이프 등의 보호장비를 적극적으로 활용하면 건강하고 안전하게 피클볼을 즐기는 데 큰 도움이 된다.

이 밖에도 자신의 체력과 나이, 건강 상태에 맞게 운동의 강도나 빈도를 조절하고, 평상시에는 관절이나 근육을 부드럽게 하는 스트레칭이나 근육의 질을 좋게 하는 근력 운동을 꾸준히 한다면 부상의 위험을 최소화할 수 있다.

보호 장비를 착용한 모습

🏓 피클볼 게임의 종류는

단식 경기

한 명의 상대와 경기한다. 선수 본인의 점수가 짝수일 때는 오른쪽에서, 홀수일 때는 왼쪽에서 서브를 넣으며, 리시버는 서버의 대각선 코트에서 서브의 리턴을 하면 된다. 각 선수는 서브권을 잃을 때까지 서브하며, 랠리에서 실수하면 상대편에게 서브권이 넘어간다. 남자 단식과 여자 단식 경기가 있다.

남자 단식 경기
- 출처: 피클곽 TV

복식 경기

남자 복식, 여자 복식, 또는 혼성 복식의 형태가 있다. 우리 팀 두 명이 상대 팀 두 명을 상대로 경기한다. 단식 경기와 복식 경기의 코트 크기는 같은데, 복식 경기의 첫 서브를 넣는 팀은 오직 한 선수만 서브권을 가지며, 점수는 [0(서버의 점수) : 0(리시버의 점수) : 2(두 번째 서브권)]라고 부른다. 랠리에서 서브팀이 실수하면 '사이드아웃'이 되어 상대 팀에게 서브권이 넘어가고, 이후로는 양 팀 모두 두 개의 서브권을 갖게 되며 각 선수는 랠리에서 실수할 때까지 계속 서브를 넣을 수 있다.

남자 복식 경기　　여자 복식 경기　　혼성 복식 경기

- 출처: 피클볼 치는 서 코치

연령별 경기

피클볼 경기는 연령별로 구분하여 경기한다. 주니어부, 16세 이상 또는 19세 이상 49세 이하, 35세 이상, 50세 이상, 55세 이상, 60세 이상, 65세 이상 70세 이상, 75세 이상 80세 이상 등으로 구분하여 경기할 수 있으며, 기준 연령보다 나이가 많은 사람은 아래 연령대에 참가하는 것이 가능하다.

수준별 경기

피클볼 경기는 레벨별로 구분하여 경기한다. 1.0~2.5는 입문자, 3.0~3.5는 초급자, 3.5~4.0은 중급자, 4.0~4.5는 상급자, 5.0 이상 또는 Open부는 누구나 참가 가능하며, 전문적인 수준의 프로 선수가 참가할 수 있는 레벨이다.

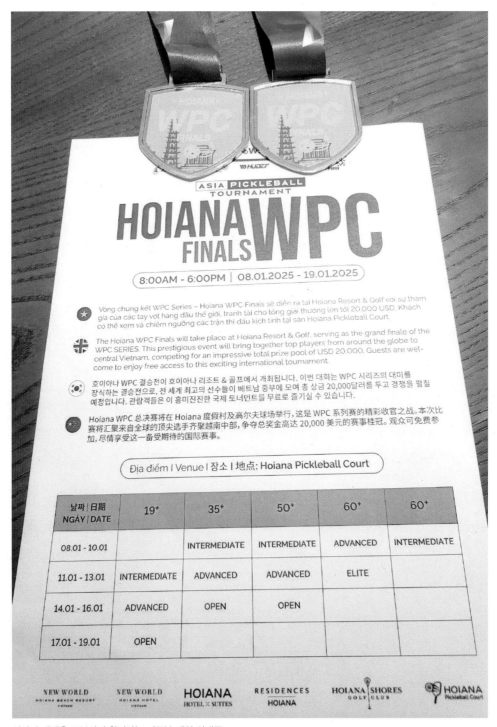

연령과 레벨을 구분하여 참여하는 피클볼 대회 안내문

피클볼의 등급별 특징과 체계

등급별 특징

등 급		특 징
1.0 ~ 2.0		다른 스포츠 경험이 없고 피클볼을 시작한 지 얼마 안 되었으며, 게임 규칙에 대한 최소한의 이해를 함.
2.5		동등한 레벨의 선수와 짧은 랠리를 지속할 수 있음.
3.0	포핸드 & 백핸드 스트로크	포핸드 스트로크는 방향성과 일관성 있게 조절하는 능력이 부족하고, 백핸드 스트로크는 자신감이 없어 피함.
	서브 & 서브의 리턴	패들 가운데 공을 맞추어 네트를 넘겨 서브 구역에 넣을 수 있고, 서브의 리턴 후 제자리에 머물러 있거나 NVZ 앞으로 신속하게 움직이는 것이 어려움.
	세 번째 샷	세 번째 샷을 드롭으로 쳐야 하는 이유를 머리로는 이해하지만, 실제 경기에서는 전혀 시도하지 않거나 시도해도 실수가 많음.
	딩크	일관되고 지속성 있게 네트를 넘기는 것이 어렵고, 공이 자주 팝업되어 공격당하는 일이 자주 발생함.
	발리	날아오는 공을 반사적으로 치기 바쁘고, 발리 후 균형을 잃어 NVZ 폴트를 하는 경우가 많음.
	게임 능력	피클볼 경기의 기본적인 패턴과 올바른 위치를 이해함.
3.5	포핸드 & 백핸드 스트로크	포핸드 스트로크는 방향을 조절할 수 있고 목표한 곳으로 타구할 수 있는 정확성이 향상됨. 백핸드 스트로크는 기회가 있을 때마다 시도하나 정확성은 떨어짐.
	서브 & 서브의 리턴	서브의 길이와 방향을 조절할 수 있고 정확성이 향상되어 목표한 곳으로 타구할 수 있는 확률이 50% 정도임. 서브의 리턴도 방향과 길이를 조절할 수 있고, 서브의 리턴 후 NVZ으로 신속하게 움직일 수 있음.
	세 번째 샷	드롭샷의 중요성을 알고 세 번째 공의 대부분을 드롭샷으로 시도하나 정확성이 떨어져 공이 네트에 걸리거나 상대의 네 번째 샷에 공격당하는 경우가 많음.
	딩크	스윙의 속도와 힘을 조절할 수 있어 일관되게 랠리를 지속할 수 있으나 성공률이 50% 미만임.
	발리	네트 위, 가슴 높이 이상 높이 뜬 공은 쉽게 칠 수 있으나, 네트 아래로 낮게 오는 공은 네트에 걸리거나 균형이 흐트러져서 발리하는 경우가 많음.
	게임 능력	하드 게임과 소프트 게임의 차이를 이해하고, 기회가 있을 때마다 NVZ으로 움직이려고 시도함. 어느 정도 랠리를 지속할 수 있으며, 경기 상황에 맞는 적절한 위치를 알고 움직일 수 있음.
4.0	포핸드 & 백핸드 스트로크	포핸드 스트로크는 정확성을 기반으로 위력적인 포핸드 스트로크를 구사할 수 있으며, 백핸드 스트로크는 방향을 일관되게 조절할 수 있고, 정확성이 향상되어 60% 정도의 성공률을 보임.
	서브 & 서브의 리턴	다양한 깊이와 속도로 서브를 구사할 수 있으며, 목표한 곳에 타구할 수 있는 확률이 60% 정도의 성공률을 보임. 원하는 곳으로 위력적인 서브의 리턴을 하여 상대 선수가 세 번째 샷을 칠 때 어려움을 느끼게 함.
	세 번째 샷	드롭샷의 정확성이 향상되어 드라이브와 드롭을 선택적으로 섞어 타구할 수 있고 60% 정도의 성공률을 보임.

등 급		특 징
	딩크	높이와 깊이를 조절하여 일관성 있게 랠리를 지속할 수 있으나, 인내심이 부족하여 랠리가 일찍 종료될 수 있음. 딩크로 쳐야 할 것과 발리로 쳐야 할 것을 구분하여 칠 수 있고, 60% 정도의 성공률을 보임.
	발리	다양한 높이와 길이에 따른 발리를 비교적 안정감 있는 자세로 칠 수 있고, 플릭이나 롤 발리를 시도하여 60% 정도의 성공률을 보임.
	게임 능력	상대의 약점을 파악하여 최상의 팀워크를 발휘하기 위한 전략, 전술을 만들고 수행함. 스태킹을 이해하고 시도함.
4.5	포핸드 & 백핸드 스트로크	포핸드 스트로크는 높은 수준의 정확성을 보이고, 속도와 깊이를 적절하게 조절하여 상대의 실수를 유발함. 백핸드 스트로크는 다양한 방향과 속도를 조절할 수 있으며, 정확성이 향상되어 70% 정도의 성공률을 보임.
	서브 & 서브의 리턴	다양한 방향과 속도로 서브와 서브의 리턴을 구사할 수 있고, 깊이와 스핀을 조절할 수 있는 정확성이 향상되어 70% 정도의 성공률을 보임.
	세 번째 샷	경기 상황에 맞는 가장 효과적인 세 번째 샷(드라이브 & 드롭)을 일관되게 실행할 수 있고, 의도한 대로 공을 쳐 점수를 획득할 수 있는 확률이 70% 정도의 성공률을 보임.
	딩크	방향과 깊이를 조절하여 일관성 있게 타구할 수 있고, 좋은 공격 기회가 올 때까지 인내심 있고 정확하게 랠리를 지속할 수 있으며, 70% 정도의 성공률을 보임.
	발리	다양한 높이와 길이, 속도에 맞는 다양한 발리를 할 수 있고 70% 정도의 성공률을 보임. 블록과 리셋 발리를 이해하고 수비에서 공격으로 게임의 흐름을 전환하려고 시도함.
	게임 능력	풋워크 능력이 좋아 전후좌우로 잘 움직이고, 상대의 강점과 약점을 파악하여 경기 흐름에 맞게 전략, 전술을 조정하며 수행할 수 있음. 팀 승리를 위해 파트너와 원활하게 소통하며 스태킹 전술을 활용할 수 있음.
5.0	포핸드 & 백핸드 스트로크	포핸드와 백핸드 스트로크의 구질, 속도, 깊이를 다양하게 조절할 수 있으며 정확성이 향상되어 80% 이상의 성공률을 보이며 다양한 상황과 유형의 샷을 공격으로 전환할 수 있는 능력을 갖춤.
	서브 & 서브의 리턴	서브와 서브의 리턴을 강력하게 구사할 수 있고, 80% 이상의 성공률을 보임.
	세 번째 샷	포핸드와 백핸드 모두 강한 드라이브 또는 정교한 드롭샷을 칠 수 있으며, 경기 상황에 맞는 가장 효과적인 세 번째 샷의 선택과 전략을 능숙하게 실행하여 80% 이상의 성공률을 보임.
	딩크	서두름 없이 여유 있고 능숙하게 딩크 랠리를 이어갈 수 있으며 속도와 깊이, 방향을 전략적으로 조절하고 상대의 균형을 흐트러뜨려 점수 획득의 기회를 만드는 80% 이상의 성공률을 보임.
	발리	펀치, 플릭, 롤, 슬라이스 발리 등 다양한 구질의 발리 샷을 경기 상황에 맞게 타구할 수 있으며, 상대의 발밑에 일관되고 정확하게 칠 수 있음. 상대의 강한 공격을 블록이나 리셋 발리로 막아내어 게임의 흐름을 바꿀 수 있고, 퀵 발리 능력이 매우 좋아 80% 이상의 성공률을 보임.
	게임 능력	토너먼트에서 다양한 전술을 구사할 수 있으며, 자체적으로 하는 실수는 적고 정확성은 매우 높음. 효율적인 풋워크와 체중 이동으로 민첩하게 움직이고 파워 있게 공을 칠 수 있으며, 수비에서 공격, 공격에서 수비로의 전환이 매우 부드럽고 자연스러움.
5.5 이상		높은 수준의 경기력을 일관되게 발휘할 수 있는 최고 수준의 선수로 5.0 레벨 이상의 토너먼트에서 입상할 수 있음.

피클볼 등급 체계(DUPR)

🏓 듀퍼(DUPR)란?

　Dynamic Universal Pickleball Rating의 약자로 프로에서 아마추어까지 경기에 참가한 결과에 따라 나이, 성별, 나라, 지역에 관계없이 2.0~8.0 점수를 부여하는 정확한 피클볼 등급 체계이다.

듀퍼 사이트
https://www.dupr.com

🏓 등급 분류
- Novice(초보): 2.00 ~ 2.99
- Intermeiate(중급): 3.00 ~ 3.99
- Advanced(상급): 4.00 ~ 4.99
- Expert(전문가): 5.00 ~ 5.49
- professional(프로): 5.5 ~ 8.0

🏓 점수 부여 방식: 기존 점수에 최근 경기 성적을 통해 업데이트된다.
- 이기면 점수가 올라가고, 지면 점수가 내려간다.
- DUPR 시스템이 적용되는 경기 중 규모에 따라 점수 가산이 다르다.
- 실력이 높은 선수와의 시합에서 이기면 높은 점수를 얻는다.
- 큰 점수 차로 이기면 가산점이 크고, 근소하게 이기면 가산점이 적다.

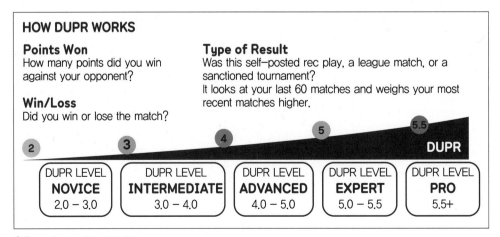

🏓 듀퍼 시스템의 작동 원리

⊕ 세계 순위(2025. 1. 2.)

Updated: January 22, 2025

Open | Senior | Junior

Men's Doubles | Women's Doubles | Men's Singles | Women's Singles

Rank	Player	Age	Rating
1.	Ben Johns	25	7.396
2.	JW Johnson	23	7.126
3.	Christian Alshon	24	7.080
4.	Andrei Daescu	27	7.026
5.	Federico Staksrud	28	7.011

오픈부 남자 복식 세계 순위 선수와 DUPR 점수

Updated: January 22, 2025

Open | Senior | Junior

Men's Doubles | **Women's Doubles** | Men's Singles | Women's Singles

Rank	Player	Age	Rating
1.	Anna Leigh Waters	17	6.669
2.	Anna Bright	25	6.368
3.	Jorja Johnson	18	6.247
4.	Catherine Parenteau	31	6.195
5.	Rachel Rohrabacher	27	6.165

오픈부 여자 복식 세계 순위 선수와 DUPR 점수

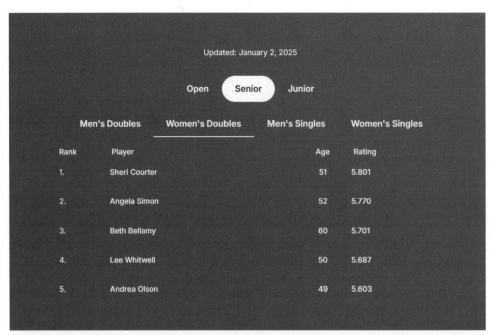

Updated: January 2, 2025

Open **Senior** Junior

Men's Doubles	**Women's Doubles**	Men's Singles	Women's Singles

Rank	Player	Age	Rating
1.	Sheri Courter	51	5.801
2.	Angela Simon	52	5.770
3.	Beth Bellamy	60	5.701
4.	Lee Whitwell	50	5.687
5.	Andrea Olson	49	5.603

시니어부 50세 이상 여자 복식 경기 세계 순위 선수와 점수

Updated: January 2, 2025

Open **Senior** Junior

Men's Doubles	Women's Doubles	Men's Singles	Women's Singles

Rank	Player	Age	Rating
1.	Steve Deakin	50	6.373
2.	Jaime Oncins	54	6.140
3.	Dave Weinbach	55	6.069
4.	Altaf Merchant	51	6.059
5.	Dayne Gingrich	54	5.907

시니어부 50세 이상 남자 복식 경기 세계 순위 선수와 점수

- 출처: DUPR - The World's Most Accurate Pickleball Rating

오픈부 남자 복식 1위 Ben Johns 선수 – Joola Korea 제공

오픈부 여자 복식 2위 Anna Bright 선수 - Joola Korea 제공

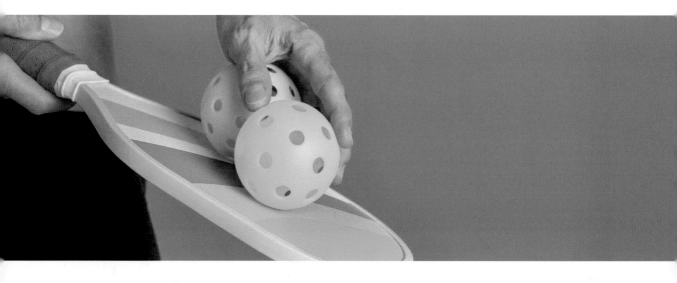

⊕ 나의 Dupr 알아보기

• 2025. 2. 25. DUPR 점수와 게임 이력

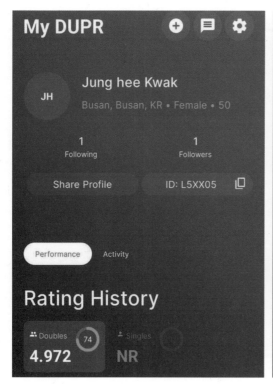

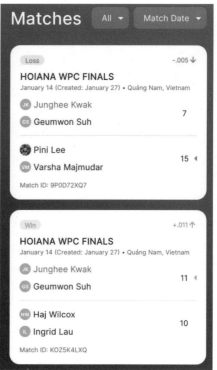

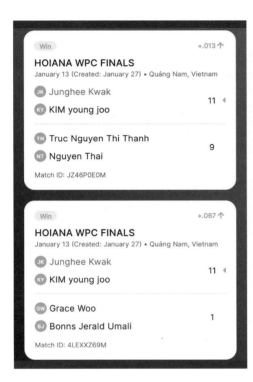

Win +.013 ↑
HOIANA WPC FINALS
January 13 (Created: January 27) • Quảng Nam, Vietnam

JK Junghee Kwak
KY KIM young joo — 11 ◂

TN Truc Nguyen Thi Thanh
NT Nguyen Thai — 9

Match ID: JZ46P0E0M

Win +.067 ↑
HOIANA WPC FINALS
January 13 (Created: January 27) • Quảng Nam, Vietnam

JK Junghee Kwak
KY KIM young joo — 11 ◂

GW Grace Woo
BJ Bonns Jerald Umali — 1

Match ID: 4LEXXZ69M

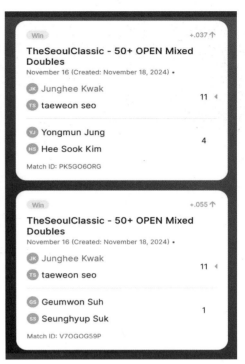

Win +.037 ↑
TheSeoulClassic - 50+ OPEN Mixed Doubles
November 16 (Created: November 18, 2024) •

JK Junghee Kwak
TS taeweon seo — 11 ◂

YJ Yongmun Jung
HS Hee Sook Kim — 4

Match ID: PK5GO6ORG

Win +.055 ↑
TheSeoulClassic - 50+ OPEN Mixed Doubles
November 16 (Created: November 18, 2024) •

JK Junghee Kwak
TS taeweon seo — 11 ◂

GS Geumwon Suh
SS Seunghyup Suk — 1

Match ID: V7OGOG59P

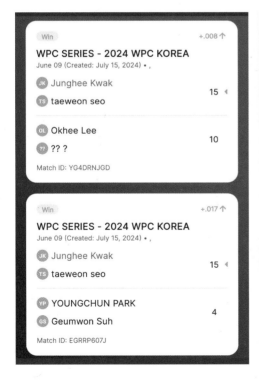

Win +.008 ↑
WPC SERIES - 2024 WPC KOREA
June 09 (Created: July 15, 2024) • ,

JK Junghee Kwak
TS taeweon seo — 15 ◂

OL Okhee Lee
?? ?? ? — 10

Match ID: YG4DRNJGD

Win +.017 ↑
WPC SERIES - 2024 WPC KOREA
June 09 (Created: July 15, 2024) • ,

JK Junghee Kwak
TS taeweon seo — 15 ◂

YP YOUNGCHUN PARK
GS Geumwon Suh — 4

Match ID: EGRRP607J

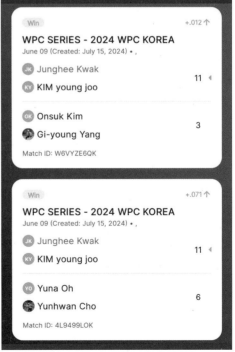

Win +.012 ↑
WPC SERIES - 2024 WPC KOREA
June 09 (Created: July 15, 2024) • ,

JK Junghee Kwak
KY KIM young joo — 11 ◂

OK Onsuk Kim
Gi-young Yang — 3

Match ID: W6VYZE6QK

Win +.071 ↑
WPC SERIES - 2024 WPC KOREA
June 09 (Created: July 15, 2024) • ,

JK Junghee Kwak
KY KIM young joo — 11 ◂

YO Yuna Oh
Yunhwan Cho — 6

Match ID: 4L9499LOK

II

피클볼의 기초 경기 기능

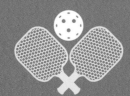

🎾 그립법

　라켓 또는 패들 스포츠의 그립법은 공과 임팩트할 면의 각도를 좌우하고, 공의 구질에 큰 영향을 끼치므로 가장 기본이 되면서도 중요한 기능이라 할 수 있다.

컨티넨탈 그립: 기본 그립과 V 그립

- 패들의 엣지를 가슴 앞에 두고, 패들 잡을 손의 엄지와 검지를 벌려 'V' 자가 만들어지는 부분을 왼쪽 엣지와 맞닿게 한다.
- 손을 서서히 아래로 내려 엄지는 그립을 가볍게 감싸 쥐고, 2지~5지도 악수하듯이 그립을 가볍게 잡는다.
- 그립의 압력을 1~10이라 할 때, 평소에는 3의 압력으로 잡고, 강한 스매싱이나 강력한 스트로크를 구사할 때는 강도를 5 이상으로 단단하게 잡는다.
- 컨티넨탈 기본 그립은 포핸드, 백핸드 등의 어떤 기술을 하기에도 무난한 그립이며, 피클볼 입문자가 한 개의 그립으로 기본적인 기술들을 구사하기에 유리한 그립이다.
- 컨티넨탈 기본 그립 잡는 방법에서 검지를 펴서 패들 면에 올려놓아 V 그립으로 잡을 수도 있는데, 이 그립은 타구의 정확성과 안정성을 높이고, 패들을 콘트롤하는 데 도움을 줄 수 있다.

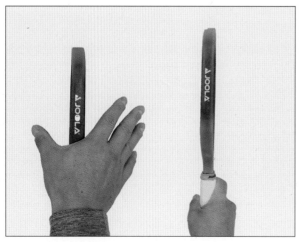

🎾 컨티넨탈 기본 그립 잡기

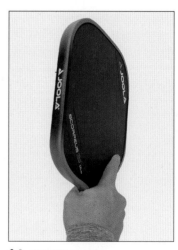

🎾 컨티넨탈 V그립

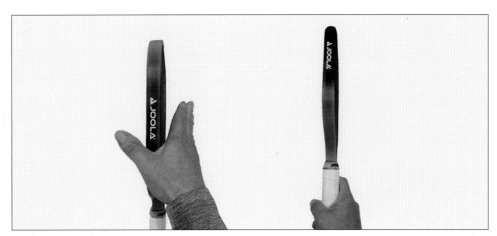

🏸 이스턴 그립

이스턴 그립

- 패들의 엣지를 가슴 앞에 두고, 패들 잡을 손의 엄지와 검지를 벌려 V 자가 만들어 지는 부분을 오른쪽 엣지와 맞닿게 한다.
- 손을 서서히 아래로 내려 엄지는 그립을 가볍게 감싸 쥐고, 2지~5지도 악수하듯이 그립을 가볍게 잡는다.
- 이스턴 그립은 포핸드 드라이브샷, 포핸드 플릭샷을 치기에 적당한 그립이며, 피클 볼 초·중급자가 쉽게 적응할 수 있고, 공의 방향과 깊이를 조절하기 쉬운 그립이다.

세미 웨스턴 그립

- 패들의 넓은 면을 가슴 앞에 두고, 패들 잡을 손은 엄지와 검지를 벌려 손바닥을 패 들 면에 가볍게 올려놓는다.
- 손을 서서히 아래로 내려 엄지는 그립을 가볍게 감싸 쥐고, 2지~5지도 악수하듯이 그립을 가볍게 잡는다.
- 세미 웨스턴 그립은 익숙해지는 데 시간이 걸리지만, 꾸준하게 연습하면 포핸드 스 트로크, 포핸드 플릭샷, 포핸드 롤발리를 칠 때 안정적으로 칠 수 있고, 스핀을 많이 걸 수 있다. 다만, 딩크샷을 할 때 낮은 공 처리하기가 쉽지 않고, 백핸드를 쳐야 할 때는 빠르게 그립을 전환해야 하는 단점이 있다.

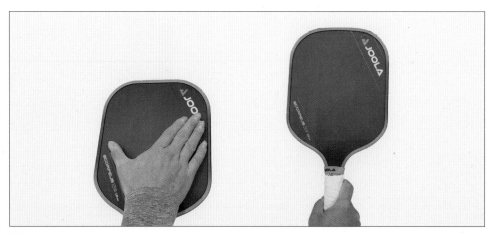

🏓 웨스턴 그립

투핸드 그립

- 패들의 엣지를 가슴 앞에 두고, 오른손잡이의 경우 오른손은 컨티넨탈 그립을 잡고(왼손잡이는 왼손), 왼손의 아랫부분(왼손잡이는 오른손)이 오른손의 윗부분과 맞닿은 채 자연스럽게 그립을 감싸 쥐고, 왼손(왼손잡이는 오른손)의 검지를 펴서 패들 면에 올려놓는다.
- 투핸드 그립은 백핸드 스트로크를 비롯하여 공격 발리, 수비, 딩크샷 등 다양한 기술을 구사할 때 많이 사용하는 그립으로 꾸준하게 연습하면 안정적이고, 정확성이 높으며 파워풀한 샷을 칠 수 있다.

🏓 투핸드 그립

준비 자세

준비 자세

　피클볼의 준비 자세는 경기 시 선수가 모든 기술 동작이 가능하도록 취하는 자세이
며, 예측하지 못한 공에도 가장 효과적이고 능률적으로 대비할 수 있는 위치와 동작을
모두 포함한다. 이때 패들은 가슴 앞
에 두고, 시선은 상대 선수와 공에 집
중한다. 두 발은 어깨너비 정도로 하
고 무릎을 약간 구부려 신체의 중심
을 발 앞쪽에 둔다. 코트의 뒤쪽, 베
이스라인이나 트랜지션존 부근에서
는 발밑으로 오는 공을 대비해 몸의
중심을 아래로 낮추어 준비하는 것
이 좋고, NVZ 라인에서는 공에 따라

신체의 높이를 탄력적으로 조절하여 준비 자세를 취하는 것이 효율적이다.

베이스라인에서의 준비 자세

NVZ에서의 준비 자세

스플릿 스텝

계속되는 랠리 중에는 준비 자세와 함께 상대방이 볼을 치는 순간 두 발을 동시에 가볍게 뛰며 박자를 맞추는 '스플릿 스텝'을 하는 것이 좋다. '스플릿 스텝'은 상대가 친 공을 타구하기 위해 움직일 때 몸이 빠르게 반응하도록 도움을 주며 예상치 못한 방향으로 오는 공에도 민첩하게 대비할 수 있게 해주므로 반드시 이 스텝을 연습하고 숙달해야 한다.

실제 경기에서 스플릿
스텝의 적용
- 출처: 피클콰 TV

준비 자세와 스플릿 스텝의 연속 동작

- 준비 자세를 취하고 상대 선수를 주시하며 가볍게 뛴다.
- 상대 선수가 타구하는 순간 자신이 있는 위치에서 멈추어 두 발을 동시에 가볍게 지면을 구른다.
- 스플릿 스텝과 기술 동작을 반복 연습하여 랠리 중에도 자신만의 박자감을 만들어 나가면 보다 빠르고 효율적으로 움직일 수 있다.

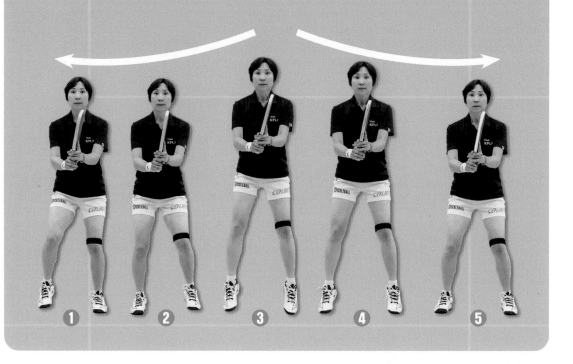

위치

볼을 치는 상대 선수를 정면으로 향하여 준비하는 것이 좋고, 상대의 볼이 코트 깊숙이 들어와 베이스라인 뒤쪽이나 양쪽 사이드라인 바깥으로 많이 움직였을 때는 신속하게 원래의 위치로 돌아와야 한다. 복식 게임의 경우 파트너와 나 사이에 일정한 길이의 끈이 연결되었다고 생각하고 공이 어디로 오든지 두 선수 사이는 적절한 간격을 유지하는 것이 중요하다.

복식 경기 시 파트너와 좌우로 움직이는 연속 동작

- 복식 경기 시, 두 선수가 NVZ 라인 앞의 좌우에 나란히 서서 준비한다.
- 코트의 오른쪽 또는 왼쪽으로 공이 오면 한 선수가 공을 치기 위해 움직인다.
- 이때, 공을 치지 않는 선수도 공이 오는 방향으로 파트너와 함께 움직여야 한다.

①

② 파트너도 함께 움직인다.

③ 파트너도 함께 움직인다.

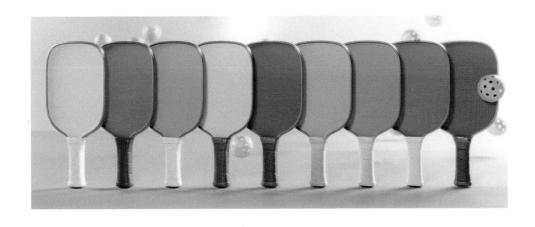

④   파트너도 함께
움직인다.

⑤   파트너도 함께
움직인다.

복식 경기 시 파트너와 일정한 간격 유지하기

- 복식 경기 시, 두 선수가 NVZ 라인 앞의 좌우에 나란히 서서 준비한다.
- 코트의 오른쪽 또는 왼쪽으로 공이 오면 한 선수가 공을 치기 위해 움직인다.
- 이때, 공을 치지 않는 선수도 공이 오는 방향으로 파트너와 움직여 두 선수 사이에 일정한 간격을 유지하는 것이 좋다.

①

②　일정한 간격을
유지한다.

③　일정한 간격을
유지한다.

④

⑤

일정한 간격을
유지한다.

일정한 간격을
유지한다.

서브

서브의 개념

　서브는 경기를 시작하는 첫 타구로, 피클볼 코트의 센터라인을 기준으로 오른쪽 또는 왼쪽 코트에서 대각선 방향으로 넣는다. 서버의 위치는 베이스라인 뒤, 센터라인과 사이드라인 사이이며, 타구 시 베이스라인을 침범하거나 센터라인과 사이드라인의

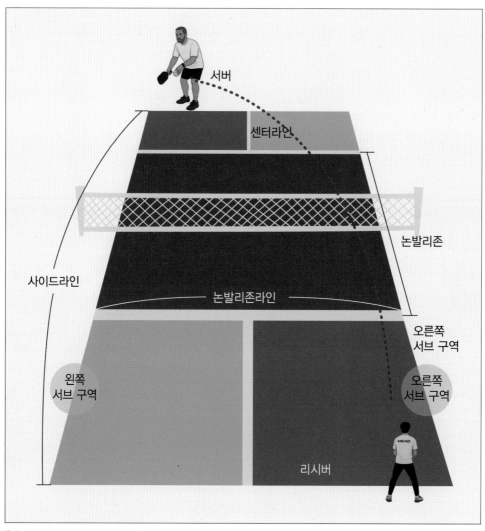

🏓 피클볼 코트에서 서브 구역

가상의 연장선 바깥에서 서브하면 폴트이다. 서브 구역은 사이드라인, 베이스라인, 센터라인을 포함하며, 서브된 공이 NVZ 라인에 닿으면 폴트가 된다.

서브의 종류

서브에는 발리 서브와 드롭 서브 두 종류가 있는데, 이를 포핸드 또는 백핸드로 칠수 있다. 발리 서브의 스윙은 아래에서 위로 아크를 그리는 모양으로 이루어져야 하고, 공과 패들의 임팩트는 반드시 허리(배꼽 높이) 아래서 되어야 한다. 이때, 패들의 가장 높은 부분이 손목보다 높아서는 안 된다. 드롭 서브 시, 공을 떨어뜨릴 때는 위로 던지거나 힘을 가해서 튕기면 안 되고 위에서 아래로 자연스럽게 자유 낙하한 후 타구해야 하며, 두 발이 베이스라인 뒤에 있다면 공은 어디에 떨어뜨려도 상관없다.

서브의 전략–Serve & Stay

피클볼의 서브는 되도록 길게, 상대편 코트 깊숙이 넣어 리시버가 서브의 리턴 후 NVZ으로 이동하는 것이 쉽지 않게 만드는 것이 좋다. 피클볼의 독특한 규칙 중의 하나인 투바운스 룰(서브 후 리시버 코트에 한 번, 이후에 서버나 서버팀 코트에 한 번, 반드시 두 번의 바운스 후에 발리가 가능한 규칙)이 있기 때문에 단식과 복식 경기 모두 서브를 넣은 후, 베이스라인 근처에서 다음 공을 기다리는 것이 중요하다.

발리 서브 시 공과 패들의 임팩트

1 발리 서브의 임팩트 시 측면 동작

2 발리 서브의 임팩트 시 정면 동작

 ## 서브의 리턴

서브의 리턴 개념

서브의 리턴은 서브된 공을 쳐서 상대 코트로 보내는 것이며, 반드시 원 바운스 후에(휠체어 경기는 더블 바운스까지 가능) 쳐야 한다. 서브된 공을 포핸드 또는 백핸드 스트로크로 칠 수 있고, 타구 후에는 신속하게 NVZ으로 이동해야 한다. .

서브의 리턴 위치

서브의 리턴은 서버의 반대편 대각선 코트, 베이스라인 뒤쪽 1~2m 정도에서 준비하는 것이 적당하며 상대 선수의 서브 스타일에 따라 앞뒤 좌우로 위치를 이동하여 준비하는 것이 좋다.

드롭 서브의 연속 동작

- 공을 떨어뜨릴 때는 힘을 가하거나 위로 던지지 말고 위에서 아래로 자연스럽게 떨어뜨린다.
- 드롭된 공이 지면 위로 떠오르면 공을 끝까지 보고 정확하게 임팩트한다.
- 대각선 방향으로 스윙을 충분하게 하여 상대 코트 깊숙하게 서브를 넣는다.

① ② ③ ④ ⑤

서브의 리턴 전략-Receive & Run

피클볼에서 서브의 리턴은 서브와 동일하게 상대 코트로 길고 깊숙하게 쳐야 한다. 또한 포핸드 또는 백핸드 스트로크 스윙의 추진력을 이용하여 신속하게 NVZ 앞으로 움직이는 것이 좋다. 이것은 다른 라켓 스포츠와는 다른 피클볼 경기만의 중요한 전략이자 독특한 경기 패턴으로 리시버가 서브의 리턴 후, NVZ 앞으로 신속하게 이동하여 여유 있게 네 번째 샷을 하면 비로소 서브의 리턴이 완성된다.

피클볼에 막 입문했거나 초급자의 경우에는 서브의 리턴 후에도 베이스라인에 그대로 있거나 앞으로 한두 발 정도 움직여 Transition Zone(베이스라인과 NVZ 라인 사이의 중간 정도 구역)에 머물러 있는 경우가 많으므로, 서브의 리턴 후 자연스럽게 움직일 수 있도록 꾸준하게 연습하여야 한다.

Receive & Run
- 출처: 피클곽 TV

포핸드 스트로크의 리시브

① 오른손잡이는 오른쪽 방향으로, 왼손잡이는 왼쪽 방향으로 상하체를 가볍게 회전한다.

② 패들을 등 뒤로 가져가며, 발을 움직여 공과의 거리를 맞추어 공을 치기 전 마지막 스텝을 한다. (클로즈 또는 오픈 스텝 모두 가능)

③ 무게 중심을 뒤에서 앞으로 이동하면서 패들의 중심부에 정확히 공을 맞춘다.

④ 무릎, 엉덩이, 허리, 어깨와 몸통을 자연스럽게 회전하여 가슴은 정면을 향하면서 패들을 반대편 어깨 위로 쭉 뻗는다.

⑤ 스윙에서 얻은 추진력을 이용하여 신속하게 NVZ 라인으로 이동한다.

서브의 리턴- 포핸드 스트로크의 연속 동작

①

②

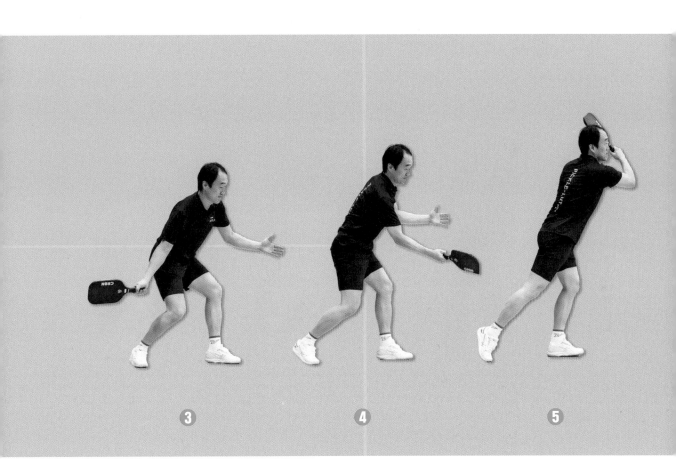

③   ④   ⑤

백핸드 스트로크의 리시브

① 오른손잡이는 왼쪽 방향으로, 왼손잡이는 오른쪽 방향으로 상하체를 가볍게 회전한다.

② 패들을 등 뒤로 가져가며, 발을 움직여 공과의 거리를 맞춘다.

③ 볼을 치기 전 마지막 스텝을 한다.(클로즈 또는 오픈 스텝 모두 가능)

④ 무게 중심을 뒤에서 앞으로 이동하면서 패들의 중심부에 정확히 공을 맞춘다.

⑤ 무릎, 엉덩이, 허리, 어깨와 몸통은 자연스럽게 회전하고, 가슴은 정면을 향하면서 공을 보내고자 하는 방향으로 패들을 뻗으며 스윙한다.

⑥ 스윙에서 얻은 추진력을 이용하여 신속하게 NVZ 라인으로 이동한다.

⑦ 상대 선수가 세 번째 공을 칠 때 NVZ 라인 앞에 멈춰 스플릿 스텝을 한다.

서브의 리턴- 백핸드 스트로크의 연속 동작

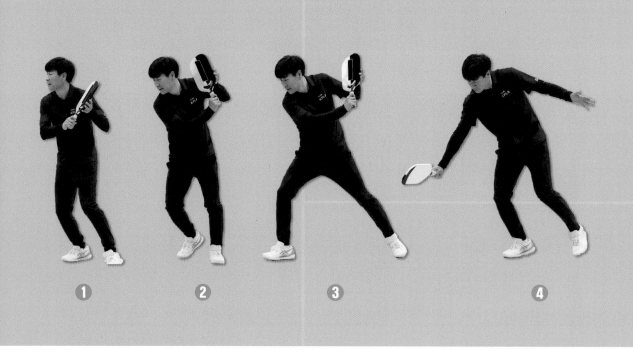

Tip

- 서브의 리턴 시, 포핸드와 백핸드 스트로크의 비율은 7 대 3 또는 8 대 2 정도로 하는 것이 좋다. 이러한 전략은 서브의 리턴 시 실수는 줄이고, 강력한 리턴을 시도하는데 도움을 준다.

- 서브의 리턴 후, NVZ 라인으로 급히 이동하다 보면 스트로크의 실수가 빈번하게 발생할 수 있으니 정확하게 타구하고 움직여야 한다. 만약 서브의 리턴 후, NVZ 라인으로 이동하는 것이 늦다면 스트로크를 할 때 타구의 속도와 길이, 높이 등을 조절하는 것이 필요하다.

⑤   ⑥   ⑦

🏓 세 번째 샷

피클볼에서 세 번째 샷이란, 서버나 서브를 한 팀이 리시버의 스트로크를 한 번 바운스한 후에 치는 것이다. 상황에 따라 포핸드 또는 백핸드로 칠 수 있으며, 주로 서브의 리턴을 하고 NVZ으로 이동하고 있는 선수에게 치는 것이 기본 전략이다. 피클볼의 경기는 대부분 NVZ에서 이루어지므로, 세 번째 샷은 베이스라인에 있는 서버나 서버팀이 NVZ으로 움직이는 데 보다 효과적이고 기술적인 샷이어야 한다.

부드러운 드롭샷

베이스라인에 있는 선수가 NVZ으로 이동하기 위해 의도적으로 상대 코트의 NVZ 안에 천천히 공이 떨어지게 치는 기술로, 리시버가 스트로크한 공이 바운스된 후, 정점을 지나 하강할 때 아래에서 위로 부드럽게 공을 타구한다. 부드러운 드롭샷은 서버나 서버 팀이 베이스라인 부근에서 NVZ 라인으로 이동할 수 있는 시간을 확보하는 동시에 NVZ을 선점한 리시버 팀이 쉽게 공격할 수 없도록 만드는 중요한 기술이다. 드롭샷을 너무 높고 길게 치면 NVZ 라인에 있는 선수가 공격하기 쉬워지므로 되도록 낮고 짧게 드롭샷을 구사하는 것이 좋다. 오리지널 피클볼 점수 체계에서는 서버나 서버 팀이 랠리에서 승리했을 때만 점수를 획득할 수 있으므로, 세 번째 샷의 성공 여부는 경기의 승패와 밀접하게 관련되어 있다.

강한 드라이브샷

세 번째 샷을 특별한 목적 없이 강하게만 치는 선수들을 자주 볼 수 있다. 그러나 상급 수준이 되려면 반드시 뚜렷한 목적을 가지고 강한 드라이브를 구사해야 한다. 예를 들면 상대 선수의 리시브가 드롭샷을 하기에 적합하지 않을 때, 드라이브샷을 구사하여 상대의 실수를 유도하거나 드라이브샷 이후에 팝업되는 공을 공격하기 위해 강한 드라이브샷을 할 수 있다.

어떤 샷이 더 좋은가?

부드러운 드롭샷 또는 강한 드라이브샷 중에 어떤 것을 선택하여 실행할 것인지는 오로지 경기하는 선수의 판단과 팀의 전략에 달려 있다. 중요한 것은 어떤 샷을 치더라도 세 번째 샷의 성공률을 높이는 것이다. 부드러운 드롭샷은 타구의 속도, 길이, 높이 등에서 정교함이 필요하고, 강한 드라이브샷은 정확성과 강함이 적절한 조화를 이루어야 세 번째 샷의 성공률이 높아질 수 있다.

세 번째 샷은 중급자(3.0~4.0) 가 되기 위해 반드시 갖추어야 하는 피클볼의 필수 기초 기술이다. 베이스라인에서 NVZ 라인으로의 움직임이 보다 자연스러워지고, 키친(Kitchen)에서 다양한 기술을 사용해 점수 따는 방법을 하나씩 알아갈 때 비로소 진정한 피클볼의 재미와 매력을 느낄 수 있다.

드롭샷 연습하기
- 출처: 피클곽 TV

 포핸드 드롭샷의 연속 동작

- 패들을 들고 있는 방향으로 상하체를 회전하며 패들을 옆구리 쪽에 가져간다.
- 상대 선수가 친 공이 한 번 바운스된 후 정점을 지나 아래로 하강할 때 패들을 아래에서 위로 스윙하며 공을 임팩트한다.
- 오른손잡이의 경우, 패들의 헤드가 5시에서 12시 방향으로 스윙하면 공이 자연스럽게 포물선을 그리며 날아간다. (왼손잡이는 패들의 헤드가 7시에서 12시 방향)
- 구사된 드롭샷의 속도, 길이, 높이에 맞게 NVZ 앞으로 움직인다.

①　②　③　④　⑤

🎾 네 번째 샷

피클볼에서 네 번째 샷이란, 서버 또는 서버팀의 세 번째 샷(부드러운 드롭샷 또는 강한 드라이브샷)을 대응하는 샷이다. 상대가 친 세 번째 샷이 가슴 높이 이상으로 평범하게 날아온다면 펀치 발리나 스매싱으로 공격하면 되지만, 상대 선수의 샷이 매우 강하게 또는 정교하게 온다면 네 번째 샷을 어떻게 대응하느냐에 따라 게임의 승패가 좌우된다고 해도 과언이 아니다. 리시버가 서브의 리턴 후, 신속하게 움직여 NVZ 라인을 선점했다 하더라도 상대의 세 번째 샷을 대처할 능력이 없다면 서버나 서버 팀에게 쉽게 점수를 내어줄 뿐 아니라 랠리에서 이겨 서브권을 되찾아 오기는 더욱 어려울 것이다. 따라서 네 번째 샷을 보다 정확하고 효과적으로 치기 위해서는 아래의 다양한 기술을 익히고 숙달하기를 추천한다.

펀치발리

입문 또는 초급자가 세 번째 샷을 적절한 높이와 길이로 조절하여 NVZ 안에 떨어뜨리는 것은 매우 어려운 일이다. 따라서 대부분의 공이 NVZ 라인에 있는 선수나 서브의 리턴 후 전진하고 있는 선수가 치기 좋은 높이로 날아간다. 이렇게 잘 조절되지 못한 세 번째 샷을 강하고 공격적으로 상대 팀 코트 깊숙하게 치는 샷이 바로 펀치발리이다. 비교적 잘 구사된 펀치발리는 랠리를 종료시키거나 상대 팀을 베이스라인 부근에 머무르게 하여 펀치 발리 이후의 랠리를 주도적으로 이끌어 갈 수 있게 한다.

🏓 포핸드 펀치발리의 연속 동작

- 패들을 가슴 높이로 들어 준비 한다.

- 패들을 들고 있는 손의 방향으 로 상하체를 15도 정도 회전하 며 패들을 어깨 위로 가져간다.

- 패들을 들고 있는 손과 같은 쪽 에 있는 발에 중심을 둔다.

- 공을 끝까지 보고 몸 앞에서 정 확하게 임팩트한다.

- 원하는 방향으로 패들을 뻗으며 스윙한다.

❶ ❷

🏓 백핸드 펀치발리의 연속 동작

- 패들을 가슴 높이로 들어 준비 한다.

- 패들을 들고 있는 손의 반대 방 향으로 상하체를 15도 정도 회 전하며 패들을 어깨 위로 가져 간다.

- 패들을 들지 않은 손과 같은 쪽 에 있는 발에 중심을 둔다.

- 공을 끝까지 보고 몸 앞에서 정 확하게 임팩트한다.

- 원하는 방향으로 패들을 뻗으며 스윙한다.

❶ ❷

플릭샷

　플릭이란, 탁구 경기에서 네트 근처에 짧게 떨어지는 공을 공격적으로 처리할 때 사용하는 기술로 라켓 면에 공이 닿는 순간 손목을 빠르게 돌려 만들어 내는 스트로크이다. 피클볼에서 플릭샷은 네트 아래로 살짝 떨어지는 공을 발리로 처리할 때 스냅을 이용하여 순간적으로 가볍고 빠르게 공을 회전시키는 타법이다. 이 기술은 상대 선수로 하여금 비교적 강하고 빠른 회전이 걸린 공을 트랜지션존에서 수비하게 만들고, NVZ으로 움직이는 것을 어렵게 만든다. 플릭샷을 할 때에 유의할 점은 상대를 의식하여 낮은 공을 빠르게만 치려다가 네트에 걸리는 경우가 많으니 서두르지 말고 여유 있게 기다려서 좋은 타이밍에 타구하는 것이 중요하다.

포핸드 플릭샷의 연속 동작

- 패들을 가슴 앞에 두고 준비한다.
- 타구할 패들의 면은 네트를 향하게 하고, 패들을 들고 있는 손의 같은 쪽 발에 중심을 둔다.
- 네트 아래로 떨어지는 공 밑으로 패들을 위치한다.
- 오른손잡이의 경우, 패들의 헤드가 4~5시에서 12~1시 방향으로 공을 굴린다는 느낌으로 가볍게 브러쉬 하듯이 스윙한다.(왼손잡이는 패들의 헤드가 7~8시에서 11~12시 방향)
- 공과 패들의 임팩트가 일어나는 순간 또는 후에도 몸의 균형이 무너지지 않도록 유의한다.

백핸드 플릭샷의 연속 동작

- 패들을 가슴 앞에 두고 준비한다.
- 타구할 패들의 면은 네트를 향하게 하고, -패들을 들지 않은 손과 같은 쪽에 있는 발에 중심을 둔다.
- 네트 아래로 떨어지는 공 밑으로 패들을 위치한다.
- 오른손잡이의 경우, 패들의 헤드가 7~8시에서 11~12시 방향으로 공을 굴린다는 느낌으로 가볍게 브러쉬 하듯이 스윙한다.(왼손잡이는 패들의 헤드가 4~5시에서 12~2시 방향)
- 공과 패들의 임팩트가 일어나는 순간 또는 후에도 몸의 균형이 무너지지 않도록 유의한다.

롤 발리

롤 발리는 상대 선수의 드롭샷이 정교하게 구사되어 네트 아래쪽, 거의 바닥 가까이에서 타구할 때 사용하는 기술로 아래에서 위로 공을 굴리듯이 충분한 회전을 주어 치는 타법이다. NVZ에 있는 선수가 완벽하게 구사된 드롭샷을 대처하는 방법은 한 박자 기다려서 공이 원 바운스된 후에 치거나 네트에 걸리지 않게 안정적인 발리로 수비하는 것이다. 그러나 롤 발리는 NVZ 안에 떨어지는 낮고 짧은 드롭샷을 손목

사진 제공: 최연돈

과 어깨를 이용한 스윙으로 강하고 빠르게 공을 치는 것으로, 코트의 앞으로 이동하고 있는 상대 선수의 몸쪽이나 허리 아래로 쳐서 역습할 수 있는 공격 기술이다. 비교적 쉬운 공이 올 것을 기대하고 있던 상대 선수는 코트 깊숙이 강력하게 구사된 롤 발리를 받아내기가 쉽지 않으며, NVZ으로 움직이는 것 역시 제한을 받는다. 롤 발리 시 유의할 점은 날아오는 공을 기다릴 때 패들을 들고 있는 손을 충분히 앞으로 뻗어 패들의 헤드가 바닥을 향하게 떨어뜨리고, 공의 임팩트 후에는 머리 위로 끝까지 팔로우스로우(follow-through) 해야 공이 네트에 걸릴 확률을 줄일 수 있다.

사진 제공: 최연돈

포핸드 롤발리의 연속 동작

- 패들을 가슴 앞에 두고 준비한다.
- 타구할 패들의 면은 네트를 향하게 하고, 패들을 들고 있는 손의 같은 쪽 발에 중심을 둔다.
- 네트 아래로 떨어지는 공 밑으로 패들을 위치한다.
- 오른손잡이의 경우, 패들의 헤드는 5~6시에서 11~12시 방향으로, 바닥에서 머리 위까지 크게 쓸어 올리듯이 스윙한다.(왼손잡이는 패들의 헤드가 6~7시에서 12~1시 방향)
- 공과 패들의 임팩트가 일어나는 순간 또는 후에도 몸의 균형이 무너지지 않도록 유의한다.

❶   ❷

백핸드 롤발리의 연속 동작

- 패들을 가슴 앞에 두고 준비한다.
- 타구할 패들의 면은 네트를 향하게 하고, 패들을 들지 않은 손과 같은 쪽에 있는 발에 중심을 둔다.
- 네트 아래로 떨어지는 공 밑으로 패들을 위치한다.
- 오른손잡이의 경우, 패들의 헤드가 6~7시에서 11~12시 방향으로, 바닥에서 머리 위까지 크게 쓸어 올리듯이 스윙한다.(왼손잡이는 패들의 헤드가 5~6시에서 12~1시 방향)
- 공과 패들의 임팩트가 일어나는 순간 또는 후에도 몸의 균형이 무너지지 않도록 유의한다.

❶   ❷

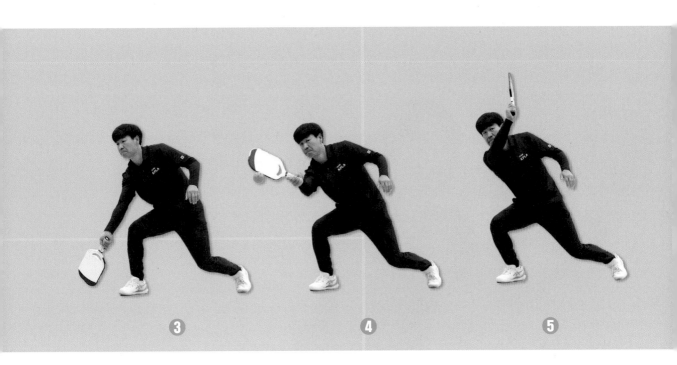

슬라이스 발리

상대 선수가 친 공이 네트에서 뜨거나 때론 낮게 날아올 때 효과적으로 대응할 수 있는 기술이 바로 슬라이스 발리이다. 슬라이스 발리는 패들의 면을 5~10도 정도 열어 네트 위로 높이 뜬 공은 약간 누르면서 치고, 네트 높이로 오는 공은 수평으로 밀면서 친다. 네트 아래의 낮은 것은 공의 밑 부분을 부드럽게 밀어 올리듯이 치는 기술이다. 비교적 안정적이고 정확성이 높은 슬라이스 발리는 공에 역회전이 걸려 바운스된 후에 공이 낮게 깔리며 밀려가기 때문에 받아내기가 쉽지 않을 뿐 아니라 콘트롤하기도 어렵다. 피클볼 중급 이상(Level. 4.0 이상)의 선수라면 슬라이스 발리를 반드시 익히고 숙달하여 실전 경기에 활용해 보기를 추천한다.

포핸드 슬라이스 발리 스윙의 연속 동작- 전면

- 패들의 면을 5~10도 정도 열어 패들을 들고 있는 손의 방향으로 상하체를 15도 정도 회전하며 패들을 어깨 위로 가져간다.
- 패들을 들고 있는 손과 같은 쪽에 있는 발에 중심을 둔다.
- 공을 끝까지 보고 몸앞에서 정확히 임팩트 한다.
- 패들의 위치는 날아오는 공보다 약간 높은 곳에서 시작하여 누르듯이 앞으로 밀면서 스윙한다.
- 타구 후 신속하게 준비한다.

낮은 포핸드 슬라이스 발리의 연속 동작- 측면

- 상대 선수가 친 공이 낮게 날아오면 무릎을 구부려 자세를 낮추어 준비한다.
- 패들의 면을 5~10도 정도 열어 패들을 들고 있는 손의 방향으로 상하체를 15도 정도 회전하며 패들을 어깨 옆으로 가져간다. 패들을 들고 있는 손과 같은 쪽에 있는 발에 중심을 둔다.
- 날아오는 공의 아랫부분을 임팩트하며 부드럽게 밀어 올리는 스윙을 한다.
- 네트 아래서 치는 공이므로 네트에 걸리지 않게 유의한다.
- 타구 후 신속하게 준비한다.

✳ 백핸드 슬라이스 발리의 연속 동작 – 전면

- 패들의 면을 5~10도 정도 열어 패들을 들고 있는 손의 반대 방향으로 상하체를 15도 정도 회전하며 패들을 어깨 위로 가져간다.
- 패들을 들고 있는 손의 반대 방향에 있는 발에 중심을 둔다.
- 공을 끝까지 보고 몸앞에서 정확히 임팩트 한다.
- 패들의 위치는 날아오는 공보다 약간 높은 곳에서 시작하여 누르듯이 앞으로 밀면서 스윙한다.
- 타구 후 신속하게 준비한다.

① ②

✳ 낮은 백핸드 슬라이스 발리의 연속 동작 – 측면

- 상대 선수가 친 공이 낮게 날아오면 무릎을 구부려 자세를 낮추어 준비한다.
- 패들의 면을 5~10도 정도 열어 패들을 들고 있는 손의 반대 방향으로 상하체를 15도 정도 회전하며 패들을 어깨 옆으로 가져간다. 패들을 들고 있는 손의 반대 방향에 있는 발에 중심을 둔다.
- 날아오는 공의 아랫부분을 임팩트하며 부드럽게 밀어 올리는 스윙을 한다.
- 네트 아래서 치는 공이므로 네트에 걸리지 않게 유의한다.
- 타구 후 신속하게 준비한다.

① ②

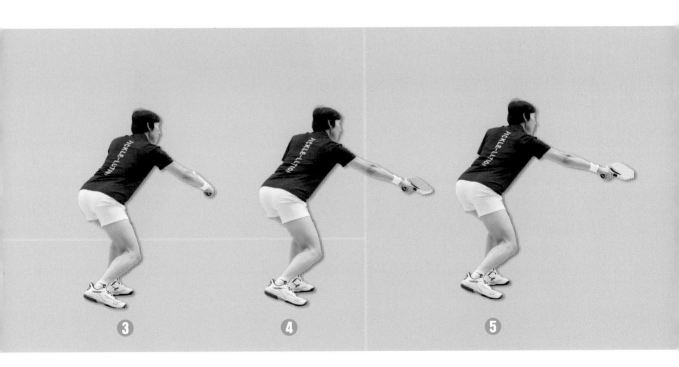

NVZ에서 바운스된 공의 처리

　상대 선수의 드롭샷이 정교하게 구사되어 NVZ 라인에 서 있는 선수가 발리를 할 수 없는 경우에는 차선책으로 바운스된 공을 쳐야 한다. 이때 드롭샷을 한 선수나 팀은 Transition Zone(베이스라인과 NVZ 라인 사이의 중간 구역)을 넘어 NVZ 라인 가까이 전진했을 확률이 높은데, 바운스된 공을 단순히 넘기는 것에만 신경을 쓴다면 상대는 기회를 놓치지 않고 즉시 날카롭게 공격할 것이다.

　NVZ 라인에서 바운스된 공을 칠 때는 공과 상대 선수의 위치를 동시에 파악하여 타구하는 것이 좋은데, 복식 경기 시 상대 팀 선수 중 보다 뒤쪽에 있는 선수에게 치거나 두 선수 사이로 공을 치는 것이 효과적이다. 또한, NVZ에서 조금이라도 멀리 떨어져 있는 선수의 허리 아래로 공을 낮게 쳐서 어렵게 공을 받도록 유도하는 것이 좋다. 피클볼의 특성상 바운스된 공은 네트 위로 잘 튀어 오르지 않으니 성급하게 치다가 네트에 걸리지 않도록 유의해야 한다.

한 발 들어가며 치는 포핸드 원 바운스 샷의 연속 동작

- 타구할 패들의 면을 앞으로 향한다.
- 패들을 들고 있는 손과 같은 방향
  에 있는 발을 앞으로 딛으며 중심을
  둔다.
- 바운스된 공의 아래쪽에 패들을 두
  었다가 몸 앞에서 공을 정확히 임팩
  트하며 위와 앞 방향으로 동시에 스
  윙한다.
- 네트 아래서 치는 공이므로 네트에
  걸리지 않게 유의한다.
- 상대 선수의 위치에 따라 길이를 조
  절하여 치는 것이 좋다.

❶   ❷

한 발 뒤로 빼며 치는 포핸드 슬라이스 원 바운스 샷의 연속 동작

- 패들을 들고 있는 방향으로 상하체
  를 45도 정도 돌린다.
- 패들을 들고 있는 손과 같은 방향의
  발로 드롭스텝(NVZ 라인에서 한 발
  을 뒤로 빼는 동작)을 하며, 딛은 발
  에 중심을 둔다.
- 공, 네트 높이, 상대 선수의 위치를
  동시에 보며 몸 앞에서 정확히 임팩
  트하며 스윙한다.
- 드롭스텝 시, 상체가 뒤로 기울어지
  지 않도록 유의한다.
- 타구 후 드롭스텝 한 발을 제자리로
  가져오며 신속하게 준비한다.

❶   ❷

쇼트

NVZ 라인에 있는 선수는 경기 중 베이스라인에 있는 선수를 상대로 쇼트 기술을 구사할 수 있다. 이 기술은 상대적으로 순발력이 부족하거나 코트 뒤쪽에 있는 선수를 공략하기 위해 시도할 수 있는데, 피클볼 코트의 1/2의 면적은 가로 20Ft(약 6M), 세로 22Ft(약 7M)로 그리 넓지 않다. 쇼트 기술을 너무 빈번하게 사용하면 상대 선수는 이를 예측하고 대비할 수 있을 뿐만 아니라 오히려 NVZ 라인으로 빨리 들어오게 하는 역효과를 가져올 수도 있다.

피클볼 경기는 베이스라인에 있는 상대는 NVZ 라인 가까이 오지 못하도록 하고, NVZ 라인에 있는 상대는 뒤로 물러나게 해야 보다 유리하게 경기를 이끌어갈 수 있는 스포츠이다. 따라서 쇼트 기술은 한 경기에 한두 번 이내로 최소한 절제하여 사용하는 것이 좋으며, 가급적 불시에 상대방이 예측하지 못하는 상황에서 시도하는 것이 전략상 효과적이다.

🏓 딩크샷

딩크샷은 NVZ 라인에서 원 바운스된 공을 상대 선수가 쉽게 공격할 수 없도록 부드럽고 약하게 치는 기술로 포핸드 또는 백핸드로 칠 수 있다. 패들의 면을 약간 열어 아래에서 위 방향으로 공을 쳐서 네트를 넘기기도 하고, 패들 면을 15도 정도 열어 볼의 밑 부분을 부드럽게 밀어 치는 슬라이스 딩크를 할 수도 있으며, 밑에서 위 방향으로 볼을 굴리듯이 스윙하여 드라이브 딩크샷을 할 수도 있다. 딩크샷을 할 때 가장 중요한 것은 스텝이다. 사이드 스텝, 슬라이드 스텝, 드롭 스텝을 상황에 맞게 적용하여 움직이면 보다 정교하고 안정성 있는 딩크샷을 칠 수 있다.

피클볼에 막 입문했거나 초급자일 때에는 쉬웠지만, 중상급자가 될수록 어렵다고 느끼는 기술이 바로 딩크샷이다. 213cm 떨어진 거리에서 90cm 정도 높이의 네트를 넘겨 상대방이 쉽게 공격할 수 없도록 타구하는 것은 생각만큼 쉽지 않다. 스텝과 스윙을 정교하게 하지 않으면 공이 네트에 걸리거나 팝업이 되어 순식간에 상대의 발리샷에 공격을 당하게 된다.

딩크샷을 하기 어려운 상황일수록 상대적으로 거리가 긴, 대각선 방향으로 치는 것이 좋으며, 상황에 따라 코트의 중앙(복식 경기에서 두 사람 사이)이나 직선 방향으로 치는 것도 좋은 방법이다. 인내심을 갖고 완벽한 공격 기회가 올 때까지 정확하게 딩크샷을 할 수 있다면 자신감과 여유가 생기게 되어 NVZ에서의 경기력은 한층 더 향상될 것이다.

백핸드 딩크와 슬라이드 스텝

백핸드 크로스 딩크
- 출처: 피클곽 TV

포핸드 딩크와 드롭 스텝

포핸드 딩크
- 출처: 피클곽 TV

퀵 발리

피클볼은 레벨이 높을수록 NVZ에서 빠른 랠리를 대처하는 능력에 따라 승패가 좌우된다고 해도 과언이 아니다. 중상급자 이상의 선수가 반드시 갖추어야 할 기술 중의 하나인 퀵 발리는 최소한의 간단하고 절제된 스윙을 해야 한다. 타구 후에는 즉시 준비 자세를 취하고 패들은 항상 가슴 높이로 드는 것도 중요하다. 상대 선수가 공을 칠 때, 스플릿 스텝으로 박자를 맞추면 몸의 반사 신경이 빨라지고, 상대 선수의 패들 면을 주시하면 날아오는 공의 방향도 예측할 수 있다.

퀵 발리를 향상하기 위한 연습 방법은 다양한데, 연습 파트너와 코스를 정하여 랠리하다가 점차 속도를 높여서 랜덤 방향으로 랠리하기, NVZ 라인 안에 서서 가까운 거리에서 빠른 랠리로 반사 신경 키우기, 피클볼에서 사용하는 공보다 크기가 작은 미니 공으로 랠리하며 집중력을 키우는 것도 좋은 연습법이다.

🏓 퀵 발리 연습에 활용하는 미니공과 피클볼 공 크기 비교

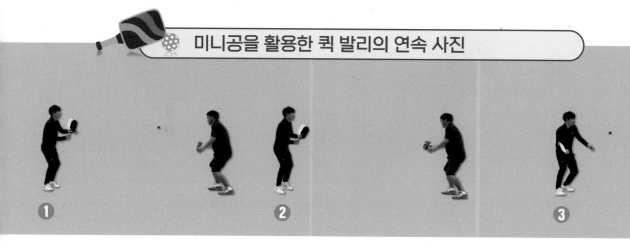

🏓 미니공을 활용한 퀵 발리의 연속 사진

❶   ❷   ❸

④ ⑤

로브

  피클볼에서의 로브는 양쪽 선수가 모두 NVZ 라인에 있을 때 시도하는 것이 기본적인 패턴이다. 상대 선수를 NVZ 라인에서 멀어지게 하여 유리한 위치에서 공격의 주도권을 갖는 것이 주목적이라 할 수 있다.

  피클볼 경기에서 NVZ에 있는 선수들이 딩크샷을 치며 공격의 기회를 엿보고 있을 때 상대 선수의 머리 뒤쪽, 베이스라인 부근으로 기습적인 로브를 한다면 매우 당황스러울 것이다. 로브된 볼을 스매싱하거나 원 바운스된 후에 정확하게 공을 넘기더라

원 바운스 후 로브의 연속 사진

- 공이 오는 방향으로 상체를 45도 정도 회전하며 패들을 몸 옆으로 가져간다.
- 바운스된 공의 아래쪽에 패들을 위치한다.
- 패들 면은 위로 향하고, 공을 끝까지 보며 몸 앞에서 정확하게 임팩트한다.
- 손목을 쓰지 않고, 아래에서 위 방향으로 스윙한다.
- 공이 포물선을 그리며 날아갈 수 있도록 머리 위로 팔로우스로우(follow-through)한다.

❶

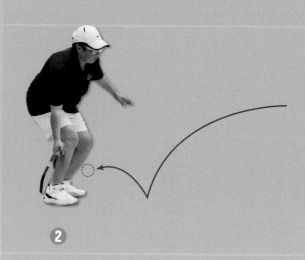

❷

도 다시 NVZ 라인으로 이동하려면 세 번째 샷을 치는 것보다 더 어렵고, 정교한 기술이 필요하다.

피클볼의 로브가 테니스나 배드민턴의 동일한 기술과 비교했을 때 크게 다른 점은 로브를 시도한 선수나 팀은 수비를 하기 위해 뒤로 물러나지 않는 것이다. 물론, 로브할 것을 예측하고 대비한 상대 선수의 강력한 스매싱이 예상되거나 구사된 로브가 실수로 짧은 경우에는 NVZ 라인에서 한두 걸음 물러나 수비를 해야겠지만, 의도와 목적에 맞게 잘 구사된 로브 후에는 뒤로 물러나지 않고 NVZ 라인을 지키면서 상대의 스매싱이나 원 바운스 후에 치는 샷에 적극적으로 대응해야 한다.

발리 로브의 연속 사진

- 공이 오는 방향으로 상체를 45도 정도 회전하며 패들을 몸 옆으로 가져간다.

- 날아오는 공의 아래쪽에 패들을 위치한다.

- 패들 면은 위로 향하고, 공을 끝까지 보며 몸 앞에서 정확하게 임팩트한다.

❶

❷

- 손목을 쓰지 않고, 아래에서 위 방향으로 스윙한다.

- 공이 포물선을 그리며 날아갈 수 있도록 머리 위로 팔로우스로우(follow-through)한다.

스매싱

　스매싱은 상대 선수가 로브를 했을 때 대응하여 치는 샷이다. 로브에 대비하려면 상대 선수의 패들 면을 주시해야 하는데, 임팩트 시 패들의 면이 위를 향한다면 로브임을 알고 즉시 반응해야 한다. 좌, 우, 뒤 어떤 방향으로든 재빨리 움직일 수 있어야 하고, 특히 뒤로 움직일 때는 패들을 들고 있는 방향으로 상하체를 90도 정도 돌려 왼발 오른발을 교차하여 스텝하면 넘어지지 않고 민첩하게 움직일 수 있다. 대부분의 스매싱은 볼의 낙하지점을 따라가 머리 위로 패들을 뻗어 가장 높은 공에서 타격하면 되지만, 좀 더 강하게 치거나 머리 뒤로 빠르게 넘어가는 로브를 처리하기 위해서는 점프 스매싱을 하여야 한다.

스매싱의 연속 사진

- 패들을 들고 있는 방향으로 손의 방향으로 상하체를 180도 정도 회전하고 패들을 머리 위로 가져간다.
- 공의 낙하지점으로 움직여 거리를 맞추고. 공을 타구하기 위해 패들을 움직인다.
- 패들을 위로 뻗어 공을 끝까지 보며 가장 높은 지점에서 정확하게 임팩트한다
- 손목의 스냅을 사용하여 강하게 타격하고 위에서 아래 방향으로 스윙한다.
- 날아가는 공을 주시하며 패들을 들고 있는 손의 반대쪽 다리 바깥쪽으로 자연스럽게 팔로우스로우(follow-through)한다.

❶　　　❷

- 패들을 들고 있는 손의 방향으로 상하체를 180도 정도 회전하고 패들을 머리 위로 가져간다.

- 오른발 왼발을 교차하며 신속하게 공의 낙하지점으로 움직여 거리를 맞춘다.

- 점프하며 패들을 위로 뻗어 가장 높은 지점에서 정확하게 임팩트한다

- 손목의 스냅을 사용하여 강하게 타격한 후, 안전하게 착지한다.

- 날아가는 공을 주시하며 패들을 들고 있는 손의 반대쪽 다리 바깥쪽으로 자연스럽게 팔로우스로우(follow-through)한다.

① ②

어니샷

어니샷(Erne shot)은 NVZ 위의 공중과 네트 가까이에서 이루어지는 강력한 공격 기술이다. 상대 선수가 코트의 사이드라인 쪽으로 드롭샷이나 딩크샷을 했을 때, NVZ을 뛰어넘으면서 발리를 하는 것이다. 또한 랠리 중 상대의 샷을 예측하여 NVZ의 사이드라인 바깥쪽 코트로 미리 움직여 기다렸다가 네트와 가장 가까운 곳에서 발리를 할 수 있다. 어니샷을 하는 선수는 NVZ과 관련된 모든 라인을 침범해서는 안 되고, 네트나 네트 시스템의 어떤 부분도 건드리지 않아야 한다.

어니샷은 프로 피클볼 선수인 어니 페리(Erne Perry)가 처음 시도한 기술이다. 2010년 미국 애리조나주 벅아이에서 열린 USAPA 전국 피클볼 토너먼트에 참가한 어니가

이 기술로 점수를 많이 획득하게 되었다. 이를 본 선수들은 하나둘씩 이 기술을 따라 하게 되면서 자연스럽게 대중화가 이루어졌고, 후에 획기적인 이 기술의 이름을 '어 니샷'이라고 명명하게 되었다.

일반적으로 NVZ 안에 떨어지는 예리한 딩크샷이나 드롭샷은 NVZ 라인 앞에서 기 다렸다가 안전하게 네트를 넘기는데, 어니샷은 네트와의 근접성을 최대한 활용하여 수비가 아닌 공격형 발리로 전환할 수 있다. 어니샷은 실행하는 선수의 대담함과 타 격의 정확성, 기술과 힘의 적절한 조화가 이루어져야 성공률을 높일 수 있는 고급 기 술이다. 부가적으로 상대 선수에게는 좀 더 세밀하고 정확한 샷을 해야 하는 부담감 을 줄 수 있고, 어니샷 하는 선수의 움직임으로 인해 순간적으로 집중력이 흐트려져 실수를 유발하는 효과를 얻을 수도 있다.

🏓 포핸드 어니샷의 연속 사진

- 오른손잡이의 경우 코트의 왼쪽 사이드라인으로(왼손잡이의 경우는 코트의 오른쪽 사이드라인) 드롭샷이나 딩크샷이 올 때, 패들의 면을 앞으로 향하고 공을 보고 움직인다.
- 점프하기 위해 도약하며 패들을 어깨 위로 든다.
- NVZ을 뛰어넘으며 공을 끝까지 보고 정확하게 임팩트한다
- 원하는 방향으로 스윙하고, 사이드라인 바깥쪽에 안전하게 착지한다.
- 타구된 공을 주시하며 신속하게 자기 위치로 돌아온다.

🏓 백핸드 어니샷의 연속 사진

- 오른손잡이의 경우 코트의 오른쪽 사이드라인으로(왼손잡이의 경우는 코트의 왼쪽 사이드라인) 드롭샷이나 딩크샷이 올 때, 패들의 면을 앞으로 향하고 공을 보고 움직인다.
- 점프하기 위해 도약하며 패들을 어깨 위로 든다.
- NVZ을 뛰어넘으며 공을 끝까지 보고 정확하게 임팩트한다
- 원하는 방향으로 스윙하고, 사이드라인 바깥쪽에 안전하게 착지한다.
- 타구 된 공을 주시하며 신속하게 자기 위치로 돌아온다.

③ ④ ⑤

③ ④ ⑤

ATP(Around the post)

　ATP는 상급자 수준(Lv. 4.0 이상)의 선수들이 구사할 수 있는 고급 기술이다. 상대 선수의 딩크샷이나 발리, 또는 그라운드 스트로크가 대각선 방향으로 깊이 들어왔을 때 네트 위로 공을 넘기지 않고 네트 기둥 바깥쪽에서 상대 코트를 향해 치는 샷이다. ATP는 대각선으로 날아오는 공이 네트 기둥의 바깥으로 완전히 빠져나가고 상대 코트가 충분히 시야에 들어올 때 시도하는 것이 좋고, 가능하면 상대 코트의 바닥을 향해 낮고 강하게 타격해야 한다. 잘 구사된 ATP는 바닥에 깔려 날아가기 때문에 수비하기가 상당히 까다롭고, 대각선에서 친 공을 받아 치는 샷이므로, 상대 선수가 이를 수비할 시간도 부족하다. 상대 선수가 대각선 방향으로 깊이 공을 쳤을 때 당황하지 말고 끝까지 볼을 따라가 과감하게 ATP를 시도해 보자. 피클볼이 흥미진진하며 매력이 넘치는 스포츠임을 알게 될 것이다.

ATP-백핸드 스트로크
- 출처: 피클곽 TV

포핸드 ATP의 연속 사진

- 패들을 들고 있는 손의 방향으로 상 하체를 45도 정도 회전하고, 패들을 몸의 옆으로 가져간다.
- 대각선으로 날아오는 공을 보고 끝까지 따라가며 움직인다.
- 공이 네트 기둥의 바깥으로 빠져나가고 상대 코트가 시야에 들어오면 ATP를 시도한다.
- 상대 코트의 바닥과 사이드라인의 안쪽을 향해 낮고 강하게 타격한다.
- 반대편 어깨 방향으로 팔로우스로우(follow-thrrough) 하고, 날아가는 공을 주시하며 신속하게 자기 위치로 돌아온다.

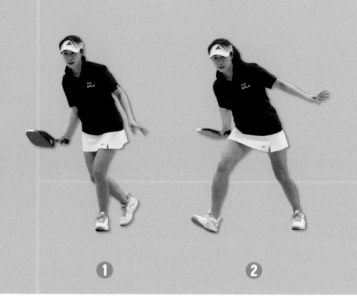

백핸드 ATP의 연속 사진

- 패들을 들고 있는 손의 반대 방향으로 상 하체를 45도 정도 회전하고, 패들을 몸의 옆으로 가져간다.
- 대각선으로 날아오는 공을 보고 끝까지 따라가며 움직인다.
- 공이 네트 기둥의 바깥으로 빠져나가고 상대 코트가 시야에 들어오면 ATP를 시도한다.
- 상대 코트의 바닥과 사이드라인의 안쪽을 향해 낮고 강하게 타격한다.
- 공을 보내고자 하는 방향으로 팔로우스로우(follow-thrrough) 하고, 날아가는 공을 주시하며 신속하게 자기 위치로 돌아온다.

③ ④ ⑤

③ ④ ⑤

III

피클볼 경기의 전략 전술

피클볼 경기의 기본 전략

단식 경기 전략

⊛ 강력한 서브는 경기를 주도한다.

    단식 경기에서 코트 깊숙이 서브를 넣으면 랠리의 주도권을 갖고 경기할 수 있다. 강력한 서브는 리시버가 서브의 리턴을 실수하거나, 리턴 후 NVZ 라인으로 이동한다

해도 다음 샷을 대응하는 것이 쉽지 않도록 만든다. 여기에 더해 다양한 회전을 가미한 서브를 넣거나 리시버의 약한 곳을 집중적으로 공략한다면 경기를 수월하게 이끌어 갈 수 있다. 피클볼 경기의 기본적인 점수 체계에서는 서브권을 갖고 있을 때 이겨야 점수를 획득할 수 있으므로 깊고 다양하며 강력한 서브를 익히고 숙달한다면 단식 경기에서 유용한 무기를 갖추게 된다.

⊛ 코트를 충분히 활용하라

    피클볼 경기장은 테니스코트의 약 1/3 정도로, 상대적으로 경기장 면적이 작은 편이다. 특히 복식 경기를 할 때는 두 명의 선수가 각각 자신의 위치에서 좌우 또는 앞뒤로, 작게는 두세 걸음, 많게는 네다섯 걸음만 움직여도 충분하다. 그러나 단식 경기의 경우는 다르다. 단식 경기와 복식 경기 시의 코트 면적은 동일한데, 가로 6m, 세로 7m 정도의 코트에서 1인이 모든 공을 다 처리하기 위해서는 매 순간 순발력과 지구력, 그리고 집중력이 요구된다.

    이러한 여러 가지 요소들을 고려할 때, 단식 경기 시에는 코트를 최대한 넓게 사용하여 상대 선수를 많이 움직이게 하는 것이 좋다. 코트의 구석구석으로 공을 보내어 바삐 움직이게 하면 체력이 소모되어 반응 속도는 점차 느려지고 집중력이 떨어져 실수할 확률이 높아지게 되므로 단식 경기를 승리로 이끌 수 있다.

⊕ 체력을 관리하라

단식 경기를 할 때 체력은 가장 기본이 되는 능력이다. 피클볼은 짧은 시간에 많이, 빠르게 움직이고 매 순간 엄청난 집중력이 필요한데, 모든 공을 강하고 빠르게만 치다 보면 어느새 체력이 바닥나 경기 후반부에는 실력을 제대로 발휘할 수 없을지도 모른다.

경기 내내 좋은 컨디션을 유지하며 단식 경기를 하려면 어떤 것을 유의하여야 할까? 첫째, 쓸데없이 낭비되는 에너지를 최소화하려면 상황에 맞는 가장 효율적인 스텝으로 움직여야 한다. 둘째, 공을 치고 난 후에는 다음 공을 대비하기 위해 좋은 위치에서 준비해야 한다. 셋째, 체력이 좋은 상태라면 빠르고 강한 드라이브 같은 공격적인 전술을 사용하면 좋고, 체력이 좋지 않을 때는 드롭샷이나 앵글샷 같은 기술을 사용하여 소프트 게임을 하면서 페이스를 조절해야 한다. 또한 경기 중 '타임아웃'을 사용하여 체력을 회복하고 분위기도 전환할 수 있는 시간을 갖는 것도 좋은 방법이다.

⊕ 상대가 예측하지 못한 샷을 시도하라

내가 치는 공의 구질이나 방향을 상대 선수가 미리 알고 대비한다면 아무리 위력적인 공을 친다 해도 그 영향은 미미할 것이다. 반면에 상대 선수가 예측할 수 없는 공을 친다면, 효과는 극대화되어 경기 전반을 주도하게 되고 승리할 확률은 높아지게 된다.

낮고 빠르며 강한 드라이브샷, 부드럽고 정교하게 치는 드롭샷, 공의 회전과 강약을 조절한 발리샷, 코트 깊숙이 치는 로브샷 등의 피클볼의 기초 기능을 탄탄하게 다져나가자. 한 발 나아가 실전 경기에서 다양한 방향과 구질, 그리고 타이밍까지 조절하여 칠 수 있는 실력을 갖추게 된다면 상대가 예측하지 못하는 한 수 위의 경기를 펼칠 수 있다.

복식 경기 전략

⊕ 파트너와의 소통

❶ 준비: 경기 전 각자의 위치와 역할 등에 대해 점검하고, 상대 팀의 강점과 약점에 대한 정보를 공유한다. 우리 팀의 전략에 대해 수시로 조정하고 활발하게 소통하면서 서로에 대한 믿음을 굳건히 하고 격려를 아끼지 않는다.

❷ 경기 중 콜 플레이: 경기 중 'my', 'you', 'out' 등처럼 언어로 소통하는 것은 팀워크와 경기력에 큰 영향을 끼친다. 언제나 자연스럽게 소통할 수 있도록 평소에 연습하는 것이 좋고, 경기 중 '콜'을 할 때에는 머뭇거리지 말고 크고 분명하게 해야 한다.

❸ 수신호: 사전에 약속된 작전을 실행하기 위해 랠리를 시작하기 전에 손을 활용하여 파트너와 전략을 공유할 수 있다. 손 이외에도 패들이나 신체의 일부분을 활용하여 파트너와 소통할 수 있다.

❹ 칭찬과 격려: 복식 경기를 할 때 가장 중요한 요소가 있다면 그것은 바로 파트너에 대한 신뢰를 바탕으로 한 진심 어린 칭찬과 격려이다. 파트너가 좋은 샷으로 득점했다면 "정말 좋은 샷이다.", "최고다."라고 아낌없이 칭찬해야 하고, 아쉬운 실수를 했다면 "괜찮아", "잘하고 있어"라고 격려해야 한다. 실제 마음은 그렇지 않을 수도 있지만 어려워도, 내키지 않아도 반드시 이렇게 표현해야 한다. 또한 경기가 잘 풀리지 않을수록 "조금 더 집중해 보자.", "할 수 있다."라고 격려하며 분위기를 전환해야 한다. 파트너의 실수에 실망하고 인상을 찌푸리며 때론 화가 나는 것을 표현하는 사소한 행동들이 경기력에 좋지 않은 영향을 미친다는 것을

우리 모두는 너무 잘 알고 있다. 오히려 그런 팀은 있는 능력마저도 제대로 발휘하지 못하고 남은 경기를 망칠 확률이 높다. 경기 중에도 후에도, 실패의 책임을 파트너에게 돌리지 말고, 항상 나를 점검하고 되돌아보는 습관을 들이려고 노력해야 한다. 오늘도 파트너와 즐거운 복식 경기를 즐기고 싶다면 부족한 점은 평소 연습을 통해 보완하고, 경기 중에는 파트너를 믿고 격려하면서 힘을 합쳐 상대 팀과 싸워야 한다.

⊕ 투바운스 룰의 활용

피클볼은 다른 라켓 스포츠와는 달리 서버나 서버 팀이 서브 후 다음 샷을 발리로 칠 수 없으므로, 서브 후에 반드시 베이스라인 부근에서 다음 샷을 대비해야 한다. 따라서 서브 후에 NVZ 라인 앞으로 가려면 세 번째 샷을 전략적으로 쳐야 하는데, 어떤 샷을 칠지는 오로지 각 선수와 팀의 선택에 달려 있다. 상대 팀의 경기 스타일과 위치에 따라 부드러운 드롭샷 또는 강한 드라이브샷을 할 수 있고, 대각선, 직선, 중앙 등 다양한 방향으로 칠 수 있다. 또한 리시버나 리시버 팀은 서브의 리턴 후, 다음 샷을 발리로 치는 것이 가능하므로 되도록 코트 깊숙이 서브의 리턴을 하고 NVZ 앞으로 신속하게 이동하여 유리한 위치를 선점하는 것이 피클볼 경기에서 가장 기본적이고도 중요한 전략이라 하겠다.

⊕ NVZ의 이해

피클볼이 다른 네트형 스포츠와 비교하여 가장 큰 특징은 NVZ과 관련된 규정이다. 흔히 NVZ을 키친(Kitchen)이라고도 부르는데, 피클볼 경기는 상위 레벨로 갈수록 키친 앞에서 이루어지는 다양한 전략과 전술에 따라 경기의 승패가 좌우된다 해도 과언이 아니다. 키친 라인에서 좋은 경기력을 발휘하려면 민첩한 발의 움직임이 필요하고, 샷을 치는 순간뿐만 아니라 후에도 신체의 균형을 유지하는 것이 매우 중요하다. 한걸음이 부족해 공이 네트에 걸리거나 팝업이 되기도 하고, 공격적인 발리샷을 치고 몸의 균형이 무너져 NVZ 라인을 침범하는 폴트를 하거나 다음 공을 대비하지 못하는 상황을 흔하게 목격할 수 있다. 꾸준한 연습을 통해 NVZ에서 리드미컬한 발의 움직임과 신체의 균형을 안정감 있게 유지한다면 보다 재밌고 흥미진진한 피클볼 경기를 즐길 수 있다.

최고의 경기력을 만들어 내는 스태킹

피클볼 경기에서 스태킹이란, 선수의 위치를 이용한 전략으로, 같은 팀의 두 선수가 코트의 한쪽에 서 있다가 서브나 서브의 리턴 후, 각 선수의 경기력을 극대화할 수 있는 위치로 이동하여 경기하는 복식 경기의 전략이다. 일반적으로 포핸드가 좋고 움직임의 영역이 넓은 선수가 코트의 왼쪽에 서서 중앙으로 오는 공을 담당하고, 간혹 백핸드가 좋은 선수(현 프로 피클볼 선수인 애너리워터스, 뉴먼 등)가 코트의 오른쪽에 서서 중앙으로 오는 공을 강력한 두 손 백핸드로 친다.

스태킹에서 가장 중요한 것은 각 선수가 서브 또는 서브의 리턴을 한 후 미리 약속한 위치로 신속하게 움직이는 것이다. 스태킹 전략은 파트너와의 긴밀한 소통과 많은 연습이 필요하므로 오랫동안 팀워크를 맞춰 온 파트너와 실행하는 것이 좋다. 간혹 팀워크가 원활하지 않거나 스태킹으로 인해 득보다 실이 더 많다면 스태킹 전략은 즉시 수정, 보완하는 것이 좋다.

1 서빙 팀의 스태킹

스태킹에서 가장 먼저 시도해 볼 수 있는 방법은 서빙 팀일 때 스태킹을 하는 것이

서빙 팀의 스태킹

1 팀의 점수가 짝수일 때 첫 번째 서버와 파트너의 위치

2 팀의 점수가 홀수일 때 첫 번째 서버와 파트너가 모두 왼쪽 코트에 위치

다. 복식 게임을 시작하면 첫 서브를 코트의 오른쪽에서 시작하는데, 랠리에서 득점을 하면 첫 번째 서버는 코트의 왼쪽, 서버의 파트너는 코트의 오른쪽으로 이동하여 다음 서브를 시작해야 한다. 그러나 스태킹을 한다면 서버와 그의 파트너는 모두 코트의 왼쪽에 있다가 서버가 서브를 넣은 후, 재빨리 코트의 오른쪽으로 움직여 랠리를 이어가게 된다. 만약 랠리에서 지게 되어 두 번째 서버의 차례가 되면 두 선수 모두 코트의 오른쪽에 있다가 서버가 서브를 넣은 후, 재빨리 코트의 왼쪽으로 움직여 랠리를 이어가면 된다.

서빙 팀일 때의 스태킹
- 출처: 피클곽 TV

스태킹을 할 때는 점수에 따른 선수의 위치에 주의를 기울여야 한다. 서브할 때만 스태킹을 하는 전략이라면 우리 팀의 점수가 홀수 점수(1, 3, 5, 7, 9…)일 때만 오른쪽 또는 왼쪽 코트에 서버와 그의 파트너가 나란히 서서 서브하고, 짝수 점수(0, 2, 4, 6, 8, 10…)일 때는 서버와 그의 파트너는 각각의 위치, 즉 '정상적인' 위치에서 서브하면 된다. 경기 중 위치에 대한 확신이 없다면 올바른 위치가 어디인지 심판이나 상대 선수에게(심판이 없는 경기 시) 정확하게 확인한 후 경기하는 것이 좋다.

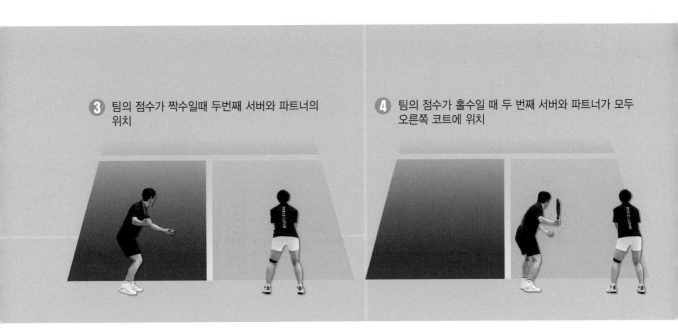

❸ 팀의 점수가 짝수일때 두번째 서버와 파트너의 위치

❹ 팀의 점수가 홀수일 때 두 번째 서버와 파트너가 모두 오른쪽 코트에 위치

2 리시빙 팀의 스태킹

리시빙 팀일 때 하는 스태킹은 서빙 팀일 때 하는 것보다는 조금 어려운 스태킹이다. 경기 시작 시, 첫 서브를 한 선수는 팀의 점수가 홀수일 때 코트의 왼쪽에서 리시브를 해야 하는데 서브의 리턴 후 즉시 파트너와 위치를 바꾸어 코트의 오른쪽에서 랠리를 하는 것이다. 또한 경기 시작 시 두 번째로 서브를 한 선수는 코트의 오른쪽에서 리시브를 해야 하는데, 서브의 리턴 후 즉시 파트너와 위치를 바꾸어 코트의 왼쪽에서 랠리를 하게 된다. 리시빙 팀일 때 스태킹을 하는 방법은 다음과 같으며, 각 팀의 장점을 극대화할 수 있는 적합한 스태킹 전략을 선택하여 활용하면 된다.

• 풀(full) 스태킹을 수행하는 두 선수는 상대 코트와 선수의 움직임을 명확히 볼 수 있는 장점이 있지만, 동시에 우리 팀의 전략이 무엇인지 미리 알려주게 되므로 상대 팀이 스태킹 전략에 미리 대비할 수 있다는 단점을 가지고 있다.

 풀 스태킹 시 오른쪽 코트에서 리턴할 때 두 선수의 위치와 움직임

• 리시버는 코트의 오른쪽에 위치하고, 리시버의 파트너는 코트의 오른쪽 사이드라인의 바깥쪽, NVZ 라인 부근에 위치한다.
• 리시버는 상대 코트로 정확하고 깊숙하게 서브의 리턴을 한다.
• 서브의 리턴 후, 리시버는 재빨리 왼쪽 코트의 NVZ 라인을 향해 달려간다.

- 리시버의 파트너는 코트의 오른쪽, NVZ 라인 앞으로 움직인다.
- 리시버는 코트의 왼쪽, 리시버의 파트너는 코트의 오른쪽 NVZ 라인 앞에 위치하여 상대가 치는 세 번째 공을 기다린다.

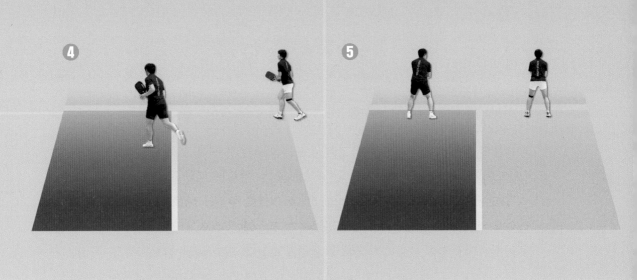

풀 스태킹 시 왼쪽 코트에서 리턴할 때 두 선수의 위치와 움직임

- 리시버는 코트의 왼쪽에 위치하고, 리시버의 파트너는 코트의 왼쪽 사이드라인의 바깥쪽, NVZ 라인 부근에 위치한다.
- 리시버는 상대 코트로 정확하고 깊숙하게 서브의 리턴을 한다.

- 스위칭(swiching)은 두 선수가 점수에 따른 올바른 위치에 있다가 서브의 리턴 후, 리시버는 반대편 코트의 NVZ 라인 앞으로 달려가고, 리시버의 파트너 역시 코트의 중앙을 넘어 반대쪽 코트의 NVZ 라인 앞으로 이동하는 것이다. 리시버와 리시버의 파트너가 코트 안에서 위치를 바꾸는 이 전술은 두 선수가 교차하는 순간, 뒤쪽에 있는 리시버 선수의 시야가 일시적으로 가려져 네 번째 샷을 치는 데 어려움이 발생할 수 있으므로 서브의 리턴을 반드시 길고 깊숙하게 해야 한다. 깊숙한 서브의 리턴으로 상대 선수가 세 번째 샷을 치기 전에 리시브 팀의 위치 이동을 완료해야 스위칭의 단점을 보완할 수 있다.
- 스위칭(swiching) & 페이킹(faking)은 경기 상황에 따라 불규칙하게 스태킹을 실행하는 전술이다. 스위칭 & 페이킹을 실행하기 위해서는 서브의 리턴을 하기 전에 NVZ 라인에 서 있는 리시버의 파트너가 리시버에게 미리 약속한 수신호를 보내고, 이후에는 망설이지 말고 과감하게 전술을 실행해야 한다. 예를 들면, 파트너에게 주먹을 보여 위치를 바꾸지 않거나(페이킹) 파트너에게 손바닥을 보여 위치를 바꾼다는(스위칭)

- 서브의 리턴 후, 리시버는 재빨리 오른쪽 코트의 NVZ 라인을 향해 달려간다.
- 리시버의 파트너는 코트의 왼쪽, NVZ 라인 앞으로 움직인다.
- 리시버는 코트의 오른쪽, 리시버의 파트너는 코트의 왼쪽 NVZ 라인 앞에 위치하여 상대가 치는 세 번째 공을 기다린다.

신호를 보낼 수 있다. 경기 중 수신호로 인한 실수가 발생하지 않도록 파트너와 수시로 소통하고, 평소 꾸준한 연습을 통해 숙달하는 것이 좋다.

스태킹 시 스위칭(swiching)의 수신호　　　　스태킹 시 페이킹(faking)의 수신호

3 스태킹 전략

- 하프 스택(Half Stack): 서브할 때만 스태킹을 하는 방법이며, 리시브할 때는 스태킹을 해서 발생할 수 있는 단점은 노출하지 않는 전략이다.
- 4분의 3 스택(Three-Quarters Stack): 4분의 3 스태킹은 서빙 팀일 때는 두 선수 모두 스태킹을 하고, 리시빙 팀일 때는 이동이 빠른 리시버가 서브의 리턴을 할 때만 스태킹하는 방법이다. 상대적으로 발이 느린 선수가 서브의 리턴 후 반대쪽 코트로 움직일 때 상대 선수가 강력한 드라이브로 세 번째 샷을 친다면 네 번째 샷을 대비할 시간이 부족하게 된다. 따라서 스태킹 전략으로 인한 장점보다는 단점을 노출하게 되어 쉽게 점수를 내어줄 수 있으므로, 각 선수와 팀의 특성에 맞게 가장 적합한 스태킹 전략을 선택하고 실행해야 한다.

🥒 상급자가 되기 위한 필수 경기 전술

공격 전술

⊕ 드라이브샷(Drive shot)

단식 경기에서 포핸드 또는 백핸드 그라운드 스트로크로 강력한 드라이브샷을 구사한다면 상대 선수를 압박하고 경기 전반을 주도할 수 있다. 복식 경기에서는 NVZ에 있는 선수를 향해 강력한 드라이브샷을 하면 공이 네트에 걸리거나 팝업하는 실수를 유도할 수 있다. 드라이브샷은 공이 네트를 통과할 때 되도록 뜨지 않고 낮게 날아가는 것이 좋고, 복식 경기 시 두 선수 사이의 중앙이나 패들을 들고 있는 손의 옆구리 쪽으로 치면 훨씬 더 효과적이다.

⊕ 드롭샷(Drop shot)

적절한 높이와 길이, 그리고 속도, 이 세 가지 요소가 완벽하게 조화된 드롭샷은 NVZ을 선점하고 있는 선수가 위치상의 장점을 충분히 활용할 수 없게 한다. 한발 더 나아가 드롭샷은 선수의 위치와 랠리의 흐름에서 수비에서 공격으로 전환하는 문을 여는 중요한 열쇠가 되는 기술이기도 하다. 베이스라인 부근에 있는 선수나 팀은 기회가 있을 때마다 드롭샷(세 번째, 다섯 번째, 일곱 번째…)을 시도하여야 하고, 드롭샷 이후에는 신속하게 NVZ 라인 앞으로 이동하여 상대 팀과 동등한 위치에서 점수 획득의 기회를 노려야 한다.

⊕ 어니샷(Erne shot)

피클볼에서 어니샷은 상대의 예리한 드롭샷이나 딩크샷에 대하여 NVZ의 양쪽 사이드라인 밖으로 점프 또는 스텝하여 네트에서 가장 가까운 곳에서 타격하는 강력한 발리샷이다. 어니샷은 경기 시 기본적인 선수의 위치를 이탈하며 실행하는 기술이므로, 성공하지 못했을 때는 다음 공을 대비할 수 없는 위험 부담이 있을 수 있다. 하지만, 의도대로 과감하고 정확하게 실행된 어니샷은 강력한 파워와 스피드가 있는 상급 수준의 공격 기술이다.

수비 전술

🌐 블록(Block)

블록은 상대의 강한 드라이브 샷이나 발리샷, 스매싱 등을 효과적으로 방어하는 기술로, 빠르고 강하게 날아오는 공의 힘을 이용하여 되돌려 보내는 것이다. 이때 손목과 팔의 움직임은 최소한으로 제한하여 견고하게 하고, 패들을 단단한 벽처럼 만들어 공을 임팩트하는 것이 좋다. 블록 기술을 수행할 때 중요한 것은 반드시 몸 앞에서 공을 정확히 맞추고, 나의 힘을 임의로 가하지 않는 것이다.

🌐 리셋(Reset)

리셋은 속도감 있게 이어지는 랠리 중에 일시적으로 타구의 속도와 길이에 변화를 주어 상대 선수의 타이밍을 뺏기 위해 사용되는 기술이다. 또한 격렬한 랠리로 인해 자세가 흐트러지거나 위치상 불리한 상황일 때에도 리셋을 시도할 수 있다. 적절한 상황에서 효과적으로 구사된 리셋은 자세와 위치를 재정비하여 안정적으로 랠리를 이어갈 수 있게 하고, 수비에서 공격으로 전환하는 기회를 만들 수 있다. 예를 들면, 강한 드라이브와 발리가 특기인 선수에게 리셋을 하면 상대 선수는 예상치 못한 공의 변화에 당황하여 대처하기가 어렵고, 자신의 주무기인 강하고 빠른 샷을 칠 수 있는 타이밍을 찾기가 쉽지 않다. 꾸준한 노력과 연습으로 정교한 리셋 기술을 갖추어 베이스라인, 트랜지션존, 논발리존 등의 다양한 위치와 상황에서 경기의 흐름을 전환해 보자.

공격과 수비의 조화로운 운영

피클볼에서 상급자(Lv. 4.5 이상)가 되려면 강하고 빠른 공격 기술뿐 아니라, 부드럽고 약하며 느리지만 상대가 쉽게 공격할 수 없는 소프트한 기술도 반드시 갖추어야 한다. 이것은 피클볼 경기에만 있는 투바운스 룰과 논발리존 규칙으로 인한 독특한 특징 때문이다. 경기 상황이나 선수 스타일에 따라 참고 기다려 완벽한 공격 기회가 올 때까지 약하고 부드럽게 쳐야 할 때도 있고, 때론 강하고 빠르게 과감한 공격을 시도해야 할 때도 있다. 피클볼은 공격 기술과 수비 기술을 상황에 맞게 적절하게 사용하고 얼마나 정확성이 높은가에 따라 승패가 좌우되며, 이는 상급자가 되는 지름길이기도 하다.

IV

레벨업을 위한 다양한 연습법

동적인 준비 운동

본격적인 운동을 시작하기 전에 동적인 준비 운동을 하면 자연스럽게 몸의 온도는 올라가고 심장 박동이 증가하게 된다. 또한 근육 내에 혈류량은 늘어나고 관절과 근육은 부드러워져서 민첩한 움직임이 가능하여 부상을 방지하는 데 큰 도움이 된다. 피클볼 경기장은 테니스코트의 1/3 정도로 작지만, 어떤 스포츠 못지않게 발의 움직임이 중요한 스포츠이다. 필자에게 "피클볼 실력을 향상하기 위해 어떤 연습을 하면 좋은가요?"라고 묻는다면 고민하지 않고 자신 있게 "꾸준하게 스텝을 연습하세요!"라고 답할 것이다. 변화무쌍하게 날아오는 공에 대한 발의 움직임은 경기에 큰 영향을 끼치기 때문이다. 런닝 스텝, 사이드 스텝, 백 스텝, 지그재그 스텝, 스플릿 스텝 등을 준비 운동으로 꾸준하게 연습하기를 추천한다. 어느새 효율적으로 움직이는 스텝과 향상된 경기력을 실감하게 될 것이다.

앞뒤로 뛰기 연속 동작

- 코트의 베이스라인에 서서 빠르지 않은 속도로 가볍게 앞쪽으로 뛰어간다.

- 손으로 네트를 터치한 후 몸의 전면은 계속 네트를 향한 채 베이스라인까지 백 스텝으로 뛰어나온다.

- 앞뒤로 2~3회 왕복한 후 속도를 점진적으로 올려 같은 방법으로 베이스라인에서 NVZ 라인까지 빠르게 2~3회 왕복한다.

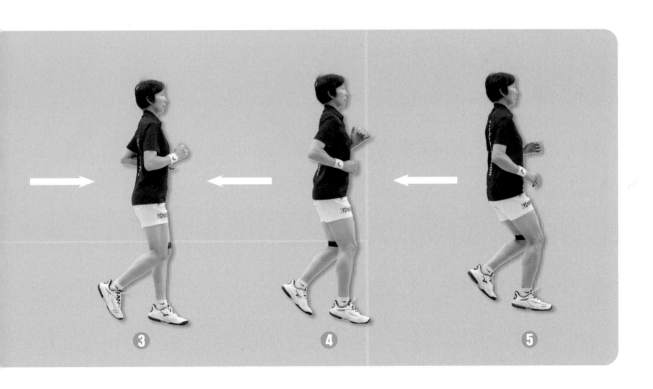

③ ④ ⑤

사이드 스텝의 연속 동작

- 센터라인을 중심으로 양쪽 사이드라 인까지 사이드 스텝으로 좌우로 움직 인다.

- 두 발의 간격을 좁게 하여 빈도를 많 이 하는 숏 스텝(short step)과 보통 간 격의 사이드 스텝을 2~3회 번갈아 가 며 한다.

- 사이드 스텝을 할 때 발뒤꿈치는 바닥 에서 떨어뜨리고 무게 중심을 발의 앞 부분에 두고 움직이는 것이 좋다.

❶ ❷

지그재그 스텝의 연속 동작

- 왼발, 오른발을 앞뒤로 번갈아 교차하 면서 피클볼 코트의 양쪽 사이드라인 사이를 왕복한다.

- 두 팔을 자연스럽게 흔들어 상체가 좌 우로 트위스트 되게 하는 것이 좋다.

- 지그재그 스텝을 할 때, 두 발의 간격 을 좁게 하거나 보통, 또는 넓게 하여 다양한 지그재그 스텝을 활용한다.

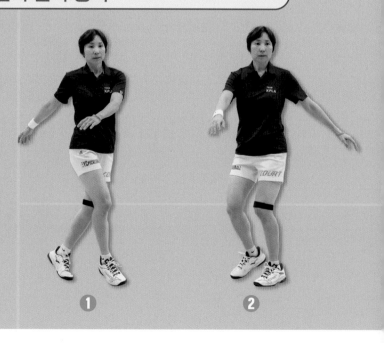

❶ ❷

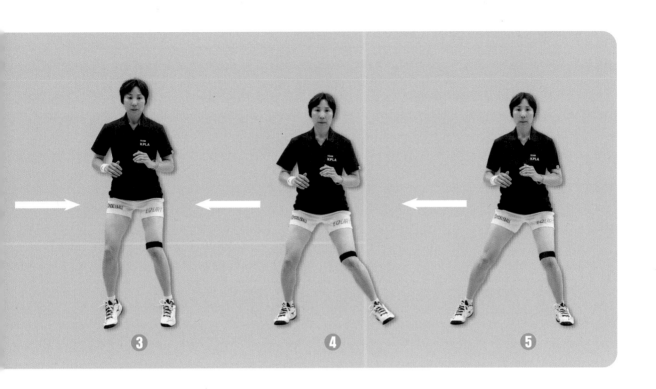

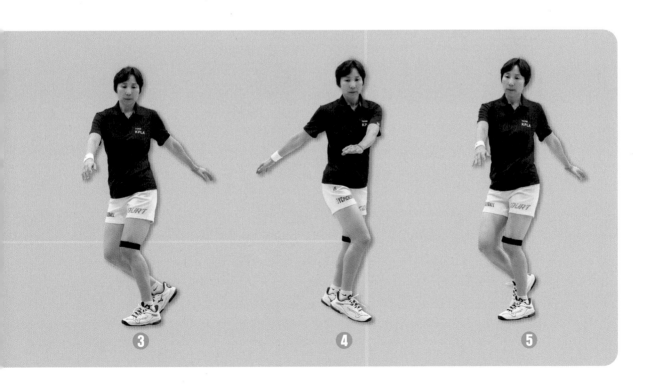

스플릿 스텝의 연속 동작

- 두 발을 적당한 간격으로 하여 빠르게 뛰다가(quick) 가볍게 점프하며 두 발을 어깨너비로 벌리며(split) 동시에 착지한다.

- quick & split을 번갈아 반복하며 베이스라인에서 네트 방향으로 자연스럽게 앞으로 이동한다.

- 몸의 전면이 네트를 향한 채 quick & split을 하며 네트에서 베이스라인 방향으로 뒤로 이동한다.

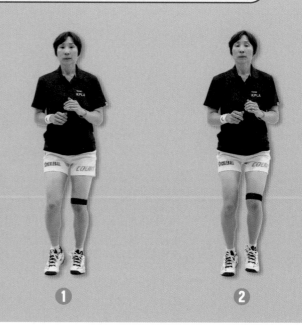

❶ ❷

무릎 높게 올리기의 연속 동작

- 양쪽 무릎을 한 번씩 번갈아 높게 올리며 자연스럽게 앞으로 움직인다.

- 약 10회 정도 무릎 올리기를 반복한다.

- 마지막 5초는 땅을 힘차게 박차듯이 양쪽 무릎을 최대한 높이 올리면서 빠르게 뛴다.

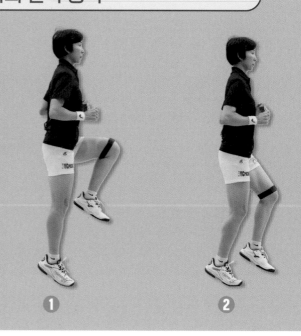

❶ ❷

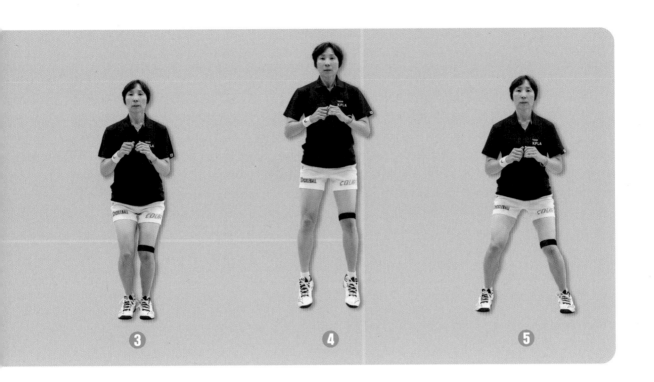

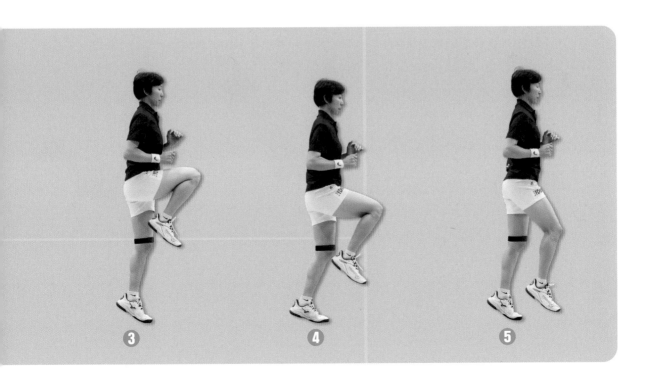

엉덩이 차기의 연속 동작

- 양발을 번갈아 가며 뒤로 보내어 발뒤꿈치로 엉덩이를 가볍게 터치하며 앞으로 움직인다.

- 약 10회 정도 엉덩이 차기를 반복한다.

- 마지막 5초는 발뒤꿈치로 엉덩이를 차듯이 양발을 번갈아가며 빠르게 뛴다.

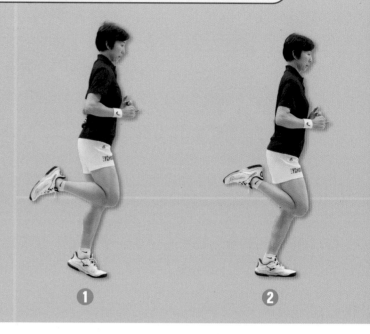

❶ ❷

햄스트링 스쿱의 연속 동작

- 앞으로 걸어가다가 한발을 앞으로 내밀고 뒤꿈치는 바닥을 콕 찍으며 무릎은 편다.

- 상체를 앞으로 숙여 두 손을 발뒤꿈치에서 발가락 방향으로 발바닥을 쓸어 올리는 듯한 동작을 한다.

- 양발을 번갈아 가며 반복하면 허벅지 뒷부분(햄스트링)에 충분한 자극을 주어 부상 예방에 도움이 된다.

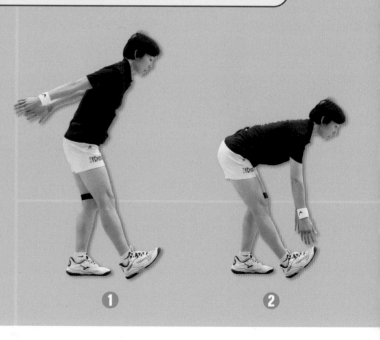

❶ ❷

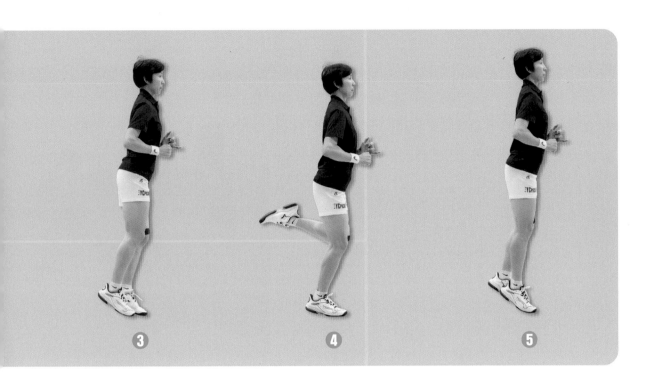

③ ④ ⑤

③ ④ ⑤

런지

    한쪽 발은 앞으로 크게 내딛고 뒤쪽 다리의 무릎이 바닥 가까이 갈때까지 구부린다. 앞쪽 다리와 뒷쪽 다리의 무릎 각도가 90도가 되게 한다. 이때 체중은 앞발의 뒤꿈치에 두어 무릎에 가는 부담은 줄이고, 상체가 앞으로 숙여지거나 좌우로 흔들리지 않도록 균형을 잘 유지해야 한다. 양쪽 다리를 번갈아 10회 이상, 2~3세트 하는 것이 좋으며, 중심을 잡기 힘들다면 제자리에서 한 다리씩 연습해도 된다. 런지는 하체의 복합적인 근육뿐만 아니라 코어 근육을 단련하고 몸의 균형을 증진하는 데 도움이 되는 운동이므로 피클볼 실력 향상을 원한다면 꾸준히 연습하기를 추천한다.

좌측 런지   우측 런지

🏓 아령을 활용한 팔 근력 운동

🏓 밴드를 활용한 다리 근력 운동

혼자 하는 연습

서브

　피클볼을 하려는데 연습할 파트너가 없거나 경기할 인원이 부족하다면 무척 난감할 것이다. 이럴 때는 평소 준비해 둔 연습용 공을 꺼내 서브 연습을 하면 좋다. 스윙, 타법, 스핀 등을 교정하거나 보강해 볼 수 있는 좋은 기회다. 평소 자신이 없거나 실수하는 부분의 정확성을 높이는 연습을 하거나, 자신만의 독특하고 강력한 서브를 연구하여 새로운 타법을 시도해 보는 것도 의미 있는 일이다.

딩크 & 발리

　안전이나 소음 등으로 인해 타인에게 피해를 주지 않는 장소에 매끄러운 벽면이 있다면 혼자서도 충분히 딩크나 발리 연습을 할 수 있다. 벽에는 90cm 정도 되는 높이

 포핸드 스트로크의 임팩트 연습 연속 동작

- 네트를 정면으로 하여 상하체를 90도 정도 회전하고 패들을 들 손은 등 뒤로 가져간다.
- 반대 손은 공을 갖고 있다가 공을 공중으로 가볍게 던진다.
- 등 뒤에 있던 손이 아래에서 위로 나오면서 떨어지는 공을 몸 앞, 임팩트 지점에서 잡는다.
- 정확히 공을 잡은 후 스윙하듯이 앞으로 밀어준다.
- 몸의 전면이 네트를 향하면서 팔로우 스로우(follow-through)한다.

* 공을 던져 공중에서 잡아도 되고, 바운스한 뒤 공을 잡는 연습을 하는 것도 좋다.

❶　　　　❷

에 네트를 표시해 두고, 가능하다면 타구할 방향에 목표물을 그려두는 것도 좋다. 바닥에는 벽으로부터 213cm 떨어진 곳에 NVZ 라인을 표시해 두면 완벽한 나만의 코트가 완성된다. 딩크할 때는 공이 세게 튕겨 나오지 않도록 목표물을 향해 최대한 천천히 부드럽게 힘을 조절하면서 쳐야 하고, 발리할 때는 벽과 떨어진 거리만큼 공이 오고 갈 수 있도록 길이와 속도를 조절하며 발리 랠리를 한다. 연습하는 사람의 의도와 목적에 맞게 다양한 요소와 조건에 변화를 주어 연습이 가능하며, 임팩트의 정확성과 집중력, 반사 신경 등을 향상할 수 있다.

스매싱

NVZ 라인을 중심으로 코트의 좌, 우, 중앙, 그리고 뒤로 물러나 트랜지션존 등의 다양한 위치에서 공을 높게 던져 타구한다. 임팩트 시 공을 끝까지 보는지, 신체의 특정한 부위에 지나치게 힘이 들어가지는 않는지, NVZ 라인을 밟지는 않는지 유의하면서 반복 연습한다. 벽을 이용해 스매싱을 연습할 수도 있는데, 벽에서 NVZ 라인 거리만

③ ④ ⑤

큼 떨어진 곳에서 벽면 바로 앞의 바닥을 향해 타격하면 바닥과 벽을 차례대로 맞고 튕겨 나오는 공을 연속적으로 타격할 수 있다. 공의 방향에 따라 민첩하게 발을 움직여 스매싱 랠리를 이어간다.

복식 연습

딩크

양 팀, 총 네 명의 선수가 약속하여 일정한 코스를 정해 딩크한다. 한 팀은 센터라인을 기준으로 크로스로 치고, 다른 한 팀은 직선으로 친다. 어느 정도 연습이 되면 코스를 바꾸어 딩크한다. 양 팀 모두 충분한 연습이 되었다면 랜덤 방향으로 딩크한다. 이것은 의도적이고 집중적으로 딩크를 연습하는 것으로, 딩크 시 힘과 방향을 조절하는 능력을 키울 수 있다. 또한 NVZ에서 효율적인 스텝으로 움직이고, 파트너와 일정한 거리를 유지하는 방법을 습득할 수 있다. 이 연습을 할 때 유의할 점은, 발리할 수 없는 공은 때리지 말고 반드시 딩크를 하여야 하고, 공이 팝업되거나 길어졌을 때만 발리로 타격해야 한다.

발리

딩크 연습과 같은 방법으로 발리를 연습한다. 양 팀, 총 네 명의 선수가 약속하여 일정한 코스를 정해 발리한다. 한 팀은 센터라인을 기준으로 크로스로 치고, 다른 한 팀은 직선으로 친다. 어느 정도 연습이 되면 코스를 바꾸어 발리한다. 양 팀 모두 충분한 연습이 되었다면 랜덤 방향으로 발리한다. 발리를 할 때는 공을 치는 방향에 따라 좌우로 한두 발씩 움직이고, 공을 치는 선수를 정면으로 마주 보며 준비해야 빠르게 대응할 수 있다. 이 연습은 반사 신경과 집중력 향상에 도움을 주며 정확한 코스와 빠른 속도의 발리 랠리 능력을 향상할 수 있다.

드롭샷

한 팀은 NVZ 라인 앞에 위치하고, 다른 한 팀은 베이스라인에 위치한다. 첫 타구는 항상 NVZ에 있는 선수가 시작하고, 베이스라인에 있는 선수들이 두 번째 타구를 할 때는 반드시 드롭샷만 쳐야 한다. 천천히 부드럽게 드롭샷을 시도한 후, 체공 시간을 이용하여 신속하게 NVZ으로 이동한다. 드롭샷은 서브 팀이 NVZ으로 움직이기 위해 시도해야 할 필수적이고 가장 효율적인 기술이기 때문에 어렵다거나 익숙하지 않다고 회피하거나 포기해서는 안 된다. 꾸준한 연습으로 정교하고 위력적인 드롭샷을 할 수 있어야 피클볼 경기에서 점수를 획득할 수 있는 확률을 높일 수 있다.

중앙 연습

한 팀 두 명의 선수가 코트의 오른쪽과 왼쪽에 나란히 서서 코트 중앙으로 오는 공을 타구하는 방법이다. NVZ 라인, 트랜지션존, 베이스라인 등의 위치에서 딩크, 발리, 스트로크의 다양한 기술을 연습할 수 있다. 파트너와의 원활한 소통을 위해 타구 전, 큰 소리로 'my'나 'you'를 외치는 것이 좋고, 콜한 선수는 망설이지 말고 자신감 있게 타구해야 한다. 이 연습을 위해 다량의 공을 준비하여 실행하거나 상대 팀이 있다면 다양한 위치에서 모든 공을 중앙으로 친다. 양 팀 모두 충분하게 연습이 되었다면 역할을 바꾸어서 한다. 이 연습을 꾸준히 하면 복식 경기 시 중앙으로 오는 공을 누가 치는 것이 더 효과적인지 감각적으로 알게 되고, 더불어 파트너십도 향상된다. 피클볼 경기의 특성상 코트의 중앙으로 오는 공의 대처는 승패에 큰 영향을 끼치므로 복식 경기력을 향상하고 싶은 선수들에게 강력히 추천하고 싶은 연습법이다.

다양한 게임 연습

미니 게임

참여한 선수나 팀이 서로 합의하여 게임의 엔드 점수를 5점이나 7점으로 정하여 경기하는 방법이다. 미니 게임은 코트 수에 비해 참여자가 많을 때 활용할 수 있으며, 전체 점수를 축소하여 게임을 진행하므로 심리적 부담을 갖고 경기하는 상황을 설정할 수 있다. 또한 서브, 서브의 리턴, 세 번째샷, 발리, 딩크 등 경기에서 수행할 수 있는 하나하나의 기술에 집중할 수 있는 게임이다.

상황 설정 게임

상황 설정 게임은 부족한 전술을 보완하거나 새로 습득한 기술의 실전 적용을 위해 연습하는 방법으로, 특정한 위치나 상황에서 게임을 시작하는 것이다. 예를 들면 세 번째 드롭샷, 딩크, 스매싱 등으로 첫 타구를 시작하는 것이다, 처음에는 미숙한 기술과 익숙지 않은 게임 방법으로 연습의 능률이 다소 떨어질 수도 있지만, 실력이 향상되면 랠리가 길어지면서 흥미진진한 경기를 할 수 있다. 매번 비슷한 사람들과 일상적으로 하는 게임이 지루해지거나 참여자들의 수준이 비슷하지 않을 때 '상황 설정 게임'을 하면 좋은 대안이 될 수 있다.

점수 설정 게임

경기의 시작을 0-0이 아니라 0-5 또는 9-6 등으로 점수를 인위적으로 조정하여 시작한다. 양 팀의 수준에 맞게 합의하여 적절하게 점수를 설정한다. 11점 경기에서 점수 차이가 있게 경기를 시작하면 처음엔 점수를 뒤지고 있는 팀이 당연히 불리하다. 그러나 상황에 맞는 전략 전술을 세우고, 견고한 팀워크를 발휘해 점수 차로 인한 심리적인 압박감을 이겨내어 매 순간 집중하여 경기한다면 어느새 비슷한 점수에서 승부를 겨루고 있거나 역전하여 승리할 수도 있다. 이 연습법은 실제 토너먼트에서 큰 점수 차이로 지고 있을 때, 심리적인 부담감을 극복하고 최선의 경기력을 발휘하는 능력을 키울 수 있다.

상급자가 되는 몇 가지 팁

1 상대의 샷을 예측하라

상대 선수가 친 공을 보고 움직이거나 반사적으로 대응하는 것을 넘어 이제는 상대가 어디로, 어떻게 칠 것인지 예측해 보자. 단순히 느낌이 아니라 상대 선수가 타구할 때 패들의 면을 주시하면서 경기 패턴을 신속하게 파악해야 한다. 혹시 예상한 대로 공이 오지 않거나 당장 경기력에 도움이 되지 않더라도 예측하는 연습을 꾸준히 하다 보면 점차 확률을 높일 수 있다. 상대 선수의 경기 스타일이나 샷의 방향과 구질을 알고 경기하는 것은 마치 중요한 시험에서 유용한 팁을 얻어 문제를 푸는 것처럼 쉽고 여유 있는 경기 운영을 가능케 한다.

2 몸 전체를 효율적으로 사용하라

패들 또는 라켓 운동은 흔히 팔로 친다고 착각할 수 있다. 그래서 팔에 근육이 많은 사람을 보면 '공이 세겠구나!' 지레 겁을 먹기도 하고, "저는 팔 힘이 약해 못할 것 같아요."라고 말하기도 한다. 그러나 피클볼은 발의 움직임과 몸의 균형을 유지하는 것이 더 중요한 스포츠이며, 타구할 때는 중심이 되는 축을 기준으로 회전력을 이용하여 자연스럽게 스윙해야 한다. 또한 불필요한 힘은 빼고 체중을 실어 타격해야 보다 위력적인 샷을 구사할 수 있다. 몸 전체를 부드럽고 효율적으로 사용하면 신체의 특정 부위(어깨, 팔꿈치, 무릎)에 흔하게 발생하는 부상의 위험을 최소화한다.

3 잘 보는 것은 실력 향상의 밑거름이 된다

코트에 나가 공을 치고 게임을 즐기며 땀 흘리는 것이 얼마나 즐거운 일인지 우리는 잘 알고 있다. 여기에 더해 피클볼을 좀 더 잘하고 싶다면 롤 모델이 될 만한 선수의 타법이나 자세, 경기 운영을 주의 깊게 관찰하기를 권유한다. 때론 본인의 영상을 촬영해 객관적으로 자신의 상태를 점검해 보는 것도 좋은 방법이다.

필자는 2023년 2월에 불의의 사고로 왼쪽 무릎 슬개골이 산산조각이 나 두 번의 큰 수술을 하였다. 운동은커녕 제대로 걷지도 못하는 상황이었지만, 피클볼에 대한 열정은 멈출 수가 없었다. 1년 넘게 뼈가 꺾이고 근육이 찢어지는 고통을 참아내며 재활에

매진하면서 틈이 날 때마다 가까운 클럽에 나가 회원들이 운동하는 것을 구경했다. 또한 한 달에 한 번은 팀 훈련에 참석하여 눈으로 배우고 머리로 감각을 익혔다. 밖에 나갈 수 없는 날은 프로 피클볼 선수들의 게임 영상을 보면서 경기를 뛰고 있는 선수 중 한 명이 '나'라고 상상하며 세계적인 선수들의 기술, 움직임, 패턴을 익히며 이미지 트레이닝을 했다. 마침내 2024년 4월, 완벽한 몸 상태는 아니었지만 14개월 만에 다시 피클볼 코트로 돌아올 수 있었다. 피클볼을 위해, 피클볼 덕분에, 피클볼이어서 어려움을 극복할 수 있었다고 생각한다. 피클볼을 보는 것만으로는 실력이 좋아지지 않는다. 자세히 본 것을 생각하고 연구하며, 꾸준한 연습을 통해 이를 실전 경기에 활용한다면 실력 향상에 좋은 밑거름이 되리라 확신한다.

④ 마음을 단련하라

최근 심리학 분야에서 많은 관심을 받는 마음챙김(mindfullness)은 '주변 환경에 대한 판단이나 산만함 없이 현재에 온전히 주의를 기울이는 것'이다. 이것은 피클볼을 즐기는 동호인이나 전문적으로 하는 선수나 지도자가 관심을 가지면 실력 향상에 충분히 도움이 될 수 있는 이론이라고 생각한다. 클럽에서 하는 가벼운 게임이나 크고 작은 대회에서 실수에 대한 자책이나 후회, 그리고 심리적인 압박감이나 부담감에 사로잡혀 경기에 온전히 집중하지 못하는 경우를 우리는 흔하게 목격하고, 또 경험한다. 아무리 기술이 뛰어난 선수라 해도 사소한 말이나 행동, 환경으로 인해 마음을 컨트롤하지 못하면 게임 전체를 망칠 수도 있다. 어떠한 환경이나 상황에서도 매 순간 집중하고 경기에만 온전히 몰입할 수 있는 단단한 마음과 정신력을 갖추는 것은 진정한 실력자가 되기 위한 필수 요건이라 하겠다.

⑤ 체력을 관리하고 또 향상하라

주 3회 이상 정기적으로 피클볼을 즐기거나 다양한 토너먼트에 참가할 계획이 있다면 기본 체력을 잘 관리해야 한다. 평소 영양소가 풍부한 음식을 골고루 섭취하고, 피로가 누적되지 않도록 적절한 휴식을 취하는 것이 좋다. 또한 부상을 예방하고 더 좋은 기량을 발휘하기 위해 유연성, 근력, 심폐 지구력 향상을 위한 보조 운동도 반드시 병행하기를 추천한다. 긴 랠리로 체력적인 한계를 느낄 수 있는 상황에서도 자신의

기량을 발휘하고, 지치고 피로한 몸이 빠르게 회복되어 좋은 컨디션을 유지할 수 있도록 체력을 관리하고 향상하는 것은 무엇보다 중요하다.

⑥ 배움을 멈추지 마라

경기에서 이기면 잠시 기뻐하고, 지면 부족한 점이 무엇이었는지 되돌아보며 다시 시작한다는 마음으로 배움의 길로 나아간다. 이것은 다른 누군가의 명언이 아니라 필자가 가졌던 마음가짐이고 꾸준히 성장해 왔던 길이다. 발전하는 사람은 항상 자신의 부족함이 무엇인지 생각하고, 이를 보완하기 위해 연구하고 노력한다. 또한 새로운 지식과 기술에 대한 정보를 얻고 숙달하기 위해 눈을 열고 귀를 기울이며 끊임없이 도전한다. 2024년 7월 '전국 체육 교사를 위한 피클볼 지도법 연수'에 참가하신 선생님의 글이 인상적이어서 아직도 마음속 깊이 남아 있다. "피클볼을 체계적이고 헌신적으로 가르쳐 주셔서 진심으로 감사하다. 사람은 죽을 때까지 배워야 한다는 말이 진리임을 다시 깨닫는 시간이었다."라고 피드백을 주셨다.

한국 피클볼은 이제 막 피클볼을 시작한 피린이부터 생활체육 동호인, 지도자, 프로 무대를 꿈꾸는 전문 선수, 그리고 각 분야의 전문가들이 각자의 위치에서 피클볼 보급과 활성화에 이바지하고 있다. 여기에 더해 겸손한 마음과 배움의 자세로 서로를 인정하고, 상대를 배려하는 피클볼 정신을 실현해 나가면 좋겠다. 학연, 지연의 한계를 넘어 피클볼을 대한민국의 국민 스포츠로 아름답게 발전시키기를 소망한다. 나와 여러분, 우리 모두가 한국 피클볼의 희망이다.

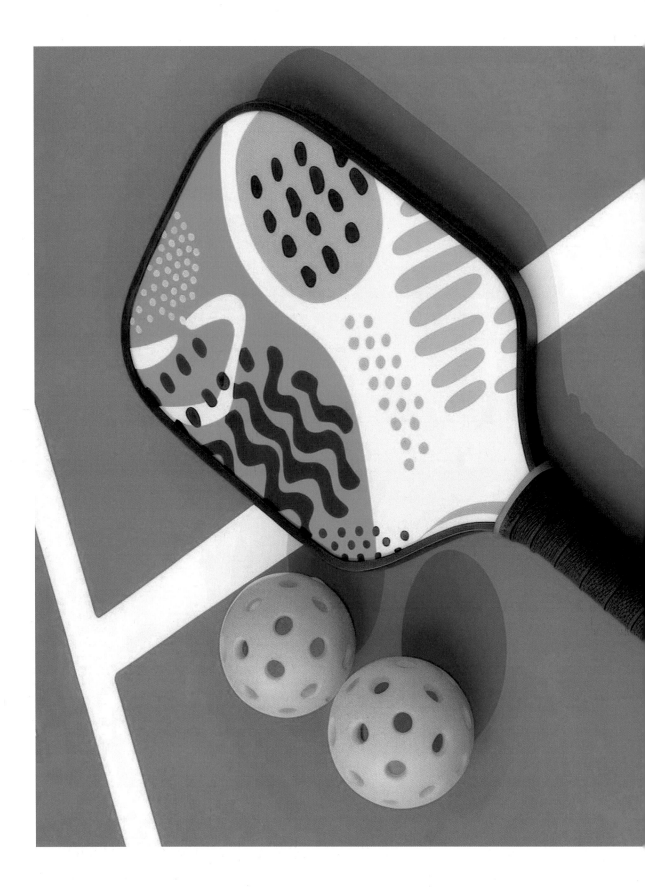

V

곽정희 선생님의 피클볼 여정:
사진으로 남긴 발자취

❶ 2021년 대구수성구연맹회장배 피클볼대회 1부 혼성 복식 1위
❷ 2022년 대구수성구연맹회장배 피클볼대회 1부 여자 복식 1위
❸ 2022년 코리아오픈 피클볼 안동대회 1부 혼성 복식 1위
❹ 2024년 대구수성구연맹회장배 피클볼대회 50+ 4.0 혼성 복식 1위
❺ 2024년 WPC Korea open pickleball championship Andong 에 참여하여 입상한 팀 피클루션
❻ 2024년 수원 전국오픈피클볼대회 19+와 50+ 혼성 복식 1, 2위에 입상한 팀 피클루션

❶, ❷ 2024년 WPC Final in hoian 50+ 여자 복식 4.5 1위 / 35+ 혼성 복식 4.5 3위

❸~❼ 2024년 WPC Final in hoian 50+ 여자 복식 5.0 4위

⑧, ⑨ 2025년 JOOLA배 PRL 피클볼대회 19+ 오픈부
혼성 복식 3위
⑩ 2022년 전국여자체육교사모임 동계 직무연수 피클볼
지도

❶ 2023년 문경여중 1학년 예술체육 피클볼 수업
❷ 2023년 상주여고 1학년 체육 피클볼 수업

❸ 2024년 충북 괴산군 지역활성화센터 피클볼 수업

❶ 2024년 일광중학교 1학년 예술체육 피클볼 수업
❷ 2024년 일광중학교 2학년 체육 피클볼 수업

❸ 2024년 피클볼 실기 지도법 연수
❹ 2023년 전국체육교사 피클볼 이론교육

❶ 2024년 팀 피클루션
❷ 2025년 팀 율라 피클루션

곽정희 선생님 경력 및 수상 내역

경 력

- 피클볼교본 ebook 공저(2020. 7. 7. 유페이퍼)
- 2021 부산광역시 교육청 하계 교원 직무 연수 피클볼 강사
- 2021~2022 경북도립대학교 평생교육원 피클볼 초중급반 강사
- 2022 전국여자체육교사모임 동계 직무 연수 피클볼 강사
- 2023 대한민국 체육교육축전 피클볼 부문 대표 강사
- 2023 팀 셀커크 선수
- 2024 전국체육교사 피클볼 지도법 연수 강사
- 2024 피클루션 선수
- 2024 부산광역시교육청 피클볼 지도교사 레벨업 직무 연수 강사
- 2025 대한피클볼지도자협회(KPLA) 교육부장
- 2025 팀 율라 피클루션 선수
- 2025 코리아우먼 피클볼(KWP) 부울경 지부장

수상 내역

- 2019 제7회 연세피클볼토너먼트 1부 복식 1위
- 2021 제1회 대구수성구연맹회장배 피클볼 대회 1부 여복 1위, 혼복 1위
- 2022 제1회 코리아오픈 안동대회 1부 혼복 1위, 여복 3위
- 2022 제2회 대구 수성구연맹회장배 1부 여복 1위
- 2024 Head 코리아 오픈 피클볼 청주대회 50+4.0 혼복 1위
- 2024 제4회 대구수성구연맹회장배피클볼대회 16+통합 오픈부 여복 2위, 50+ 오픈부 혼복 1위
- 2024 WPC 코리아 안동대회 50+오픈부 혼복 1위, 50+오픈부 여복 1위
- 2024 제1회 수원시 오픈 피클볼 대회 50+4.0 혼복 1위, 19+ 4.0 여복 3위
- 2025 WPC Final Hoian 50+4.5 여복 1위, 35+4.5 혼복 3위
- 2025 제1회 LuV 피클볼 페스타 19+ 4.0 5.0 통합 오픈부 여복 1위
- 2025 인비테이션 50+ 팀 매치 부산 피클볼홀릭 1위
- 2025 JOOLA배 PRL 피클볼대회 19+ 오픈부 혼복 3위
- 2025 케이피피 50+팀매치 1Round 팀율라피클루션 1위

사진 제공: 최연돈

VI

피클볼 현장 이야기

왜 피클볼이어야 하는가

인천고잔초등학교
교사 **김영화**

초등학교에서 네트형 경쟁 활동이 필요한 이유

초등학교 학생들에게 있어 네트형 경쟁 활동은 상당한 기능이 필요한 활동이다. 피구나 티볼 같은 영역형 경쟁 활동이나 축구, 농구, 핸드볼 같은 영역 침범형 경쟁 활동 스포츠에 비해 상대적으로 안전하게 활동할 수 있지만, 상대적인 여러 어려움이 있는 것도 사실이다. 도구(라켓)를 활용해야 하는 것 자체가 신체만을 활용하는 것보다 훨씬 어려운 형태이며, 일정 수준의 경기 능력에 도달하기까지 제대로 된 게임이나 스포츠를 즐기기도 어렵다. 이에 따라 초등학교에서 네트형 경쟁 활동(족구, 배구, 배드민턴형 활동)은 신체 발달 기능이 상당한 수준에 올라와 있는 6학년이 되어서야 교육 과정에서 제시되고 있다.

비교적 학생 숫자가 많은 도시의 경우에도 남녀 학생은 한 반에 평균 25명 정도이다. 이 정도의 학생들이 온전히 참가해야 기본적인 축구나 야구 종목을 진행할 수 있다. 학급당 인원이 체육 수업을 진행하기에 다소 적은 편이다. 황사나 미세먼지, 기온 등 기후 환경으로 인하여 야외 활동에 어려움도 많아 점차 실내형 스포츠가 각광을 받고 있다. 이와 같은 이유들로 풋살이나 티볼 등이 새로운 뉴스포츠형 체육 수업으로 제시되고 있으며, 적은 인원과 실내 스포츠로 온전히 활동 가능한 네트형 경쟁 활동이 더 선호되고 있다.

네트형 경쟁 활동 중에서 배구나 족구는 맨몸을 사용하여 활동하지만, 교사의 실기 지도의 어려움이 있고, 학생들이 기본 기능을 숙달하기까지 많은 시간이 소요된다. 하여 간단한 게임을 하기에도 많은 시간이 필요하다. 이에 비해 라켓형 경쟁 활동인 배드민턴, 탁구, 패드민턴 같은 종목들은 위에서 언급한 여러 단점을 충분히 보완할 수 있어 상대적으로 수업 접근성이 좋다. 그중에서도 배드민턴은 교사의 실기 능력이나 경험이 많은 편이며, 방과 후 수업 활동이나 부모, 형제자매의 영향으로 상당한 실력을 가지고 있는 학생들도 많다.

그래서 피클볼이다!

탁구는 상대적으로 작은 크기의 경기장을 사용한다는 장점이 있다. 그러나 서브를 넣고 기본적인 랠리를 하기 위해서는 많은 연습이 필요하다. 공이 작고 탄도가 높아 쉽게 콘트롤하기가 어렵다. 복식의 경우 반드시 번갈아 쳐야 하는 것도 큰 부담이며, 바운드를 꼭 시켜야만 하는 것도 어려운 기술이다.

라켓의 성능(탁구 러버)에 따라, 학생들의 사전 경험도에 따라 실력 차이가 매우 크다. 또한 초기에는 공을 치는 시간보다 떨어진 공을 주우러 가야 하는 시간이 훨씬 많은 것도 부담이며, 공의 분실 및 파손율이 높은 편이다. 학생 개개인의 개별적 연습에도 한계가 많다.

배드민턴의 경우 단·복식에 상관없이 번갈아 치지 않아도 되는 장점이 있어 탁구보다는 경기 진행이 수월하다. 다만 공의 바운드가 허용되지 않으며 깃털이 쉽게 망가져 활동하기 어렵다. 셔틀콕 같은 경우 인조 셔틀콕으로 대체한다고 하더라도 상대적으로 긴 라켓을 콘트롤하는 것과 빠르게 오가는 경기 스피드는 활동에 단점으로 꼽을 수 있다. 무엇보다 대중적으로 많은 경험도가 있는 활동이라 학생들의 실력 편차가 큰 점은 수업에 큰 장애 요소가 될 수 있다. 이러한 점에서 뉴스포츠 피클볼은 탁구와 배드민턴이 가지고 있는 장점들을 모두 가지고 있으며 단점들을 모두 보완할 만큼 훌륭한 운동이다.

피클볼은 탁구처럼 번갈아 치지 않아도 되며, 배드민턴처럼 한 번에 치지 않아도 된다. 자기 쪽으로 오는 공을 누구나 편하게 칠 수 있으며, 원 바운드와 노바운드 상관없이 칠 수 있다. 무엇보다 공의 스피드가 빠르지 않고, 사전 경험이 거의 없는 활동이라 실력의 편차도 없다고 봐도 무방하다. 또한 1~2시간의 활동만으로도 간단한 게임을 즐길 수 있을 만큼 기능이 어렵지 않으며, 교구의 가격도 저렴하고 교구가 망가질 가능성도 매우 적다. 무엇보다 가르치는 교사가 간단한 실기 연수에 참여하여 배우기만 한다면 손쉽게 학생들을 가르칠 수 있다. 이는 매우 큰 장점으로 피구, 축구, 줄넘기 위주의 체육 활동으로 자주 파행되고 있는 체육 수업에 전환점이 되기에 충분하다.

피클볼을 즐기기 위해서는?

🔟 기본 기능 익히기

피클볼은 탁구+배드민턴+테니스의 기능적인 장점들이 고루 포함된 활동이다. 아무리 기능적으로 낮은 수준의 실기 능력이 필요하다 하더라도 간단한 기술은 어느 정도 필요하다.

피클볼의 기능 연습은 기본적인 활동이라 매 활동마다 연습을 진행하면 좋다. 탁구 활동을 할 때 그렇듯 기본적인 공 튀기기 활동을 할 수 있도록 제공하고, 개인 연습의 단계를 하나씩 해결해 나간 학생들을 체크하고 활동에 도달한 친구들끼리 짝을 이루어 짝 활동을 진행하게 한다. 개인 연습의 일부분을 잘 해결해 내지 못하는 친구들은 교사가 멘토가 되어 지도하거나 친구들 중 기능이 우수한 학생들을 코치로 임명하여 co-teaching이 되도록 편성한다. 1단계 활동은 기본 활동으로 시간이 지날수록 짧은 시간에 활동을 마칠 수 있게 되며, 학급 내 모든 학생이 수행을 완성할 수 있다.

서브의 경우 NVZ 라인에서 서브를 넣도록 지도하고, 능숙한 상황이 되었을 경우

단 계	활동 연습	비 고
1단계 개인 연습	혼자 한쪽 면으로 바운드 없이 공 30개 연속 튕기기	1단계를 마무리한 학생끼리 짝으로 편성하기
	혼자 양쪽 면으로 바운드 없이 공 20개 번갈아 연속 튕기기	
	혼자 양쪽 면으로 바운드시켜 공 20개 연속 튕기기	
	혼자 벽에다 대고 바운드시켜 공 30개 연속 튕기기	
	혼자 벽에다 대고 바운드 없이 공 20개 연속 튕기기	
2단계 짝 연습	네트 없이 서로 마주 보고 바운드시켜 공 30개 연속 튕기기	2단계가 완성된 학생들만 간이 게임 활동하기
	네트 없이 서로 마주 보고 바운드 없이 공 20개 연속 튕기기	
	네트 사이에 두고 바운드시켜 공 30개 연속 튕기기	
	네트 사이에 두고 바운드 없이 공 20개 연속 튕기기	

❶ 개인 1단계 활동으로 기능을 향상시킨다.　　❷ 짝과 함께 2단계 활동으로 느낌을 잡아간다.
❸ 공을 쌓아두고 간단한 서브 넣는 것을 연습한다.　　❹ 티볼 그물망에 원 바운드 넣기 활동을 한다.

베이스라인에서 넣을 수 있도록 한다. 서브의 정확도를 높이기 위해 티볼 타격 그물을 활용하여 원 바운드로 넣을 수 있도록 연습하고 지도하면 공을 모으기도 쉽고 명확하게 어디로 서브를 넣어야 할지 알게 되어 연습에 큰 도움이 된다.

❷ 활동 연습 장소 확보

피클볼은 실내와 실외 모두 가능하지만, 실외의 경우 충격을 흡수하는 재질(흙 운동장, 인조 잔디 같은)은 활동하기 어렵다. 우레탄 소재의 장소이거나 단단한 콘크리트 재질의 환경은 활동하기에 무리가 없었다. 학교 내 이러한 곳을 찾아보자면 실내 강당을 제외하고 차량이 다니는 이동 통로(등하교 시간 외는 거의 사용이 없다), 보행로 등이 이에 해당되며, 교실 복도 같은 경우는 소음이 심하고 자칫 다른 학급과 학년에 방해가 될 수 있으므로 절대 사용해서는 안 된다.

자투리 시간에 학교 내 빈 곳이 의외로 많아서 활동하기 편리했으며, 수업 시간에 배정받은 강당 사용 시간을 최대한 활용해서 실내 연습도 많이 실시하였다. 무엇보다

활동이 가능한 곳이라면 어디든 찾아본다.　　　　　큰 공간이 필요하지 않아서 피클볼은 유용하다.

점심시간에 강당이 비어 있는 경우가 많아 교사가 임장하여 같이 활동하며 기능을 익히도록 지도하였다.

③ 피클볼 장비 준비

　피클볼 패들과 공을 돌려가면서 사용할 수도 있겠으나, 모든 친구가 하나씩 패들을 가지고 활동해야 좋다. 학급 자치 예산 및 학교 예산을 확보하여 저가의 교구(초등학생에게 좋은 교구는 큰 필요가 없음)를 인원수에 맞게 확보하였고, 남은 예산으로 최대한 많은 볼을 구입했다. 학년 전체가 고루 사용할 수 있도록 패들 손잡이에 번호를 기입했고, 공도 분실률을 막기 위해서 번호를 적어 두었다. 서로 비슷한 패들이므로 자기 것을 잘 관리하기 위한 방법이며, 공은 모두 같은 형태이다 보니 서로 싸우게 되는 것을 막고 활동 후 반납하기 용이하도록 하기 위해서였다.

　위와 같이 활동해보니 단 하나의 공 분실도, 패들 분실도 없이 잘 사용하게 되었고, 학생들도 자신의 것이라며 소중하게 사용할 수 있었다.

　가장 큰 문제는 네트를 맞추는 일이다. 학교 예산이 한정되어 있고, 일부러 다른 네트와 지주를 구입하기는 어려운 형편이다. 다행히도 대부분의 학교에는 배드민턴 지주가 있다. 배드민턴의 지주 중앙에 91cm의 높이를 맞추도록 표시를 하고 거기에 길게 그물을 연결하여 4개의 코드를 사용할 수 있도록 연결하였다. 특히나 중간 지주는 높이뛰기 지주를 사용하여 정확히 센티미터를 맞추어 사용할 수 있도록 하였고 이동식 뜀틀과 스텝박스를 활용하여 높이를 맞추어 지주의 한 축으로 사용하였다. 이렇게 한 결과 전체적으로 일정하면서도 팽팽한 형태의 네트가 되어 사용하고 정리하기도 매우 수월하였다.

❹ 경기 규칙 변형

피클볼은 11점의 점수를 먼저 획득해야 하는 활동이다. 첫 서브를 제외하고 공격권을 가진 팀에서 2개의 서비스권을 가지고 있는데, 공격을 성공하면 서비스권이 살아 있게 된다. 서비스권을 가진 팀에서 공격을 성공해야 득점이 올라가는 방식이라 초등학생에게는 매우 낯선 방법이다. 또한 서비스를 잘 넣는 친구가 있다면 상대적으로 점수를 올리기가 쉬워 서비스는 팀당 2번씩(성공/실패와 상관없이), 반드시 팀원이 한 번씩 돌아가면서 넣도록 하였다. 점수에 따라 혹은 성공 여부에 따라 오른쪽/왼쪽으로 자리 변경은 하지 않도록 하였다. 다만 서비스는 반드시 대각선으로 넣도록 지도하였고 네트에 맞으면 렛(LET) 여부와 상관없이 폴트로 정리하였다.

가장 어려운 점이 Two Bounce Rule(투바운스 룰)이었다. 아이들에게 이를 여러 번 설명하였으나 쉽게 이해하지 못해서 다 같이 하나-둘-셋 규칙을 적용시켰다. 서비스를 처음 넣는 팀이 하나, 서비스를 받는 팀이 둘, 다시 리턴하여 넘기는 팀이 셋 이렇게 외치도록 하였고, 이때까지 발리는 하지 못하도록 하였다. 사실상의 투바운스 룰이었으나 이를 규칙보다 행동 요령으로 설명하니 쉽게 이해했던 것 같다.

점수를 11점으로 하지 않았다. 각자 서브를 공평하게 넣을 수 있도록 양팀 합이 8점(1인당 서비스 기회 2번), 혹은 12점(1인당 서비스 기회 3번)으로 진행하였다. 이겼을 경우 승점 3점, 비길 경우 각 2점을 획득, 질 경우 1점을 획득하게 하였다. 경기 진행이 비교적 빠르고 공평하게 진행되었다.

체육 활동이 좋은 친구들을 선정하여 자기 모둠(패) 학생들을 개인 레슨하여 모두 실력이 올라올 수 있도록 이끌어 주는 활동을 진행하였다. 모둠장을 중심으로 연속해서 오고 가는 개수를 늘려 최우수 모둠을 선정하였고, '배려클볼'이라고 선정하여 최대한 많은 랠리 개수를 만들도록 시도하였다. 그로 인해 모든 친구가 더 실력이 향상되었고 모두 즐겁게 활동할 수 있는 시간이 된 듯하다.

그래서 피클볼을 시작해야 한다

피클볼은 많은 체육 활동 중에서도 가장 좋은 활동이다. 신체적인 능력이 부족하더라도 모두 즐겁고 신나게 체육 활동에 참여할 수 있으며, 인원의 많고 적음, 장소와 환경의 어려움도 모두 해결할 수 있는 최고의 운동이다.

학교 아이들의 신나는 체육 활동을 확인하고 싶다면 고민하지 말고 피클볼을 시작하라고 말씀드리고 싶다.

모둠장이 팀원들의 실력 향상을 위해 노력한다.

서로가 배려클볼이 되도록 섬세하게 활동한다.

학생들과 함께한
피클볼 수업이
평생 스포츠로

명장초등학교

교사 정용문

본인 소개

필자는 1999년 9월에 발령받아 25년째 교직에 몸담고 있으며 현재 부산 명장초등학교에 재직 중인 교사이다. 운동을 좋아하는 스포츠맨으로서 특히 축구, 농구, 배구, 배드민턴과 같은 구기 종목을 좋아한다. 그중에서 배구는 대학교 1학년 때부터 시작했으니 구력으로만 따지면 30년이 넘는다.

초등학교에서는 매년 5월에 교직원 화합과 친목 도모를 위한 배구 대회가 있어 빠지지 않고 참석했다. 그렇지만 나이가 들면서 체력적인 부담과 부상 등으로 지금은 거의 하고 있지 않다.

내가 이렇게 운동을 좋아하게 된 것도 따지고 보면 초등학교 6학년 때의 담임 선생님의 영향이 큰 것 같다. 경북 포항 시골 초등학생 시절, 담임 선생님께서는 방과 후에 마을 단위로 소프트볼 시합을 매주 진행해 주셨다. 지금으로 치자면 우수 스포츠 클럽 또는 방과 후 스포츠 클럽 정도 되될 것이다. 어렸을 때 또래 친구들보다 키가 크고 운동 신경이 좋았던 나는 1루수, 4번 타자의 역할을 하면서 자연스럽게 스포츠에 관심을 가지게 되었다. 중학교에서는 공 던지기와 오래달리기에 두각을 나타내었으며, 고등학교에 들어가서는 농구 동아리에서 활동했다. 대학교는 당연히 체육학과를 선택하게 되었다. 지금 생각해보니 나는 스포츠와 한시도 떨어진 적이 없었던 것 같다. 현재는 피클볼에 푹 빠져있으니 말이다.

2024 WPC 안동 대회

피클볼을 어떻게 알게 되었나?

평소 운동을 좋아해서 배드민턴을 일주일에 2회 정도 치고 있었다. 그러던 어느 날, 피클볼을 치는 분이 부산 가까이에 사는 지인을 소개해 주었고, 그분과 같이 피클볼을 치면서 접하게 되었다.(2021년 9월경으로 기억한다.)

피클볼은 패들로 공을 네트 너머로 넘기는 운동이었기에 테니스, 배드민턴을 생각하며 쉽게 접근했다. 그러나 처음에는 스코어 부르는 방법, 투바운스 룰, 서브 리턴 후 논발리존을 향해 달려가는 것 등은 너무 생소했고 시합 중 자주 헷갈렸다. 그렇지만 이것도 시간이 해결해 주었다. 이러한 생소한 규칙들은 피클볼을 재미있게 할 수 있는 독특한 규칙이었고, 그 규칙들을 하나둘 몸에 익히게 되면서 서서히 피클볼에 빠져들게 되었다.

2024년 1월부터는 전국에 있는 피클볼 실력자들의 모임인 KPLA-팀피클루션(현 팀Joola-피클루션)에 가입해 실력이 부쩍 늘었다는 이야기를 듣고 있다. 한 달에 한 번 모여서 운동하는 팀 데이가 있는데, 여기서 피클볼 고수들이 피클볼을 대하는 자세와 여러 가지 고급 기술들을 직접 보면서 실력이 많이 향상되어 항상 팀원들에게 고

부산 패들십(Paddleship) 피클볼클럽

마운 마음이다. 지금은 피클볼 전국 대회가 있으면 시간을 내서 참여하고 있고, 대회에 출전하면 실력 있는 파트너 덕분에 항상 상위권을 유지하고 있다. 부산 패들십 (Paddleship) 클럽 또한 나의 성장에 많은 자양분이 되었다. 일주일에 세 번 이상 모여서 운동하기에 피클볼의 감을 잃지 않도록 도와주었고, 함께 운동하는 회원님들의 긍정적이고 겸손한 마음가짐 또한 편안한 곳에서 마음껏 운동할 수 있는 심리적 안정을 제공해 주었다.

체육 수업 시간에 피클볼을 가르치기로 결정한 계기는 무엇인가?

결정적 계기란… 필자가 피클볼을 좋아하니 학생들이 쉽게 배울 수 있겠다는 생각이 들었고, 피클볼 대회에 참가하면서 피클볼 기능이 향상되니 피클볼을 지도하고 싶

2024 학교 간 스포츠클럽 교류전

은 생각이 들었다. 체육 교과는 실기 기능이 포함되어 있기에 어느 정도의 기능을 갖춰야 하기 때문이다.

어떻게 보면 조금 앞서간 결정이라고도 할 수 있다. 2015 체육과 교육 과정에는 초등학교 체육 교과서에 피클볼이 나와 있지는 않았다. 그렇지만 학생들이 안전하고 쉽게 접할 수 있는 종목이 피클볼이라는 확신이 들었고, 시중에 다양한 수업 용구들이 판매되고 있었기에 수업을 진행하는 데는 별 어려움이 없었다. 그리고 2025년부터 시행되는 3~4학년 2022 체육과 교육 과정, 4학년 체육 교과서에 피클볼이 언급되어 있다. 한 출판사에서만 피클볼을 소개했지만, 대단한 성과라고 생각한다.

피클볼 체육 수업이 다른 체육 수업과 다른 점은 무엇인가?

학생들이 쉽게 접근할 수 있다는 점이 가장 매력적인 것 같다. 패들을 이용하여 배드민턴, 배구 네트보다 낮은 높이의 네트로 공을 넘기면 되기 때문이다. 기존의 구기 종목보다 네트의 높이가 낮아졌으니 학생들의 부담도 많이 줄었다.

다음으로 부상 위험이 적다는 것이다. 탁구 라켓보다 조금 큰 패들로 가벼운 공을 주고받는 활동이 대부분인 피클볼은, 배구공, 축구공, 농구공보다 공의 크기가 훨씬 작아 초등학생들이 다루기 쉬울 뿐만 아니라 게임 상황에서 발생할 수 있는 손발 부위의 부상이 거의 없어 초등학교 학생들에게는 안성맞춤이었다.

마지막으로 학생들이 볼을 다루는 수준에 따라 거리를 달리해 수업을 할 수 있다는 점이다. 공의 콘트롤이 미숙한 학생들은 네트와 가까운 논발리존에서 공을 주고받는 딩클 활동이 좋다. 조금 더 실력이 있는 학생들은 트랜지션존에서 드롭을 주고 받을 수 있고, 아주 능숙한 학생들은 베이스라인에서 공을 주고받을 수 있으니 수준별 활동에 아주 적합한 종목이다. 학생들이 가까운 거리에서 시작해 점점 먼 거리까지 공을 보낼 수 있는 기능을 익히기 위해 노력하는 모습 또한 보기가 좋았다.

피클볼 체육수업

피클볼 체육 수업에 참여하는 학생들의 수업 참여도는 어떤가?

초등학생들은 교과목 중에 체육 수업을 제일 좋아한다. 피클볼도 마찬가지였다. 네트를 사이에 두고 공을 넘기는 기본 패턴을 가지고 있었기에 학생들에게 쉽게 접근할 수 있었다. 처음에는 패들로 공을 튀기면서 공과 친해지는 시간을 가졌고, 그 후엔 수준별로 딩크와 드롭을 실시하면서 학생들이 피클볼에 재미를 느낄 수 있게끔 수업을 진행했다. 이렇게 매주 1~2회씩 수업을 진행한 결과 초등학교 4~6학년의 경우 3개월 후에는 개인별 차이는 있었지만, 피클볼의 기본이 되는 딩크 게임을 능숙하게 수행했고 제법 자세가 나오는 모습을 보였다.

5개월 정도의 시간이 지나니 학생들이 피클볼 전체 코트에서 자연스럽게 스코어와 인, 아웃 셀프 콜을 하면서 즐겁게 피클볼 경기를 할 수 있게 되었다. 먼저 피클볼을 시작한 학생들이 처음 피클볼을 배우기 시작한 친구나 동생들에게 피클볼의 준비 자세와 패들로 다양하게 공을 다루는 방법을 가르치는 모습 또한 교육의 순기능이라는 생각이 들었다.

2024 권역별 피클볼 체육대회

피클볼 체육 수업에 관하여 하고 싶은 말이 있다면?

학생들이 즐겁고 안전하게 운동할 수 있는 스포츠로 피클볼을 적극 추천한다. 이제는 피클볼이 체육 수업뿐만 아니라 방과 후 수업, 평생 스포츠로도 범위가 확대될 것으로 예상한다.

40년 전 초등학교 6학년 담임 선생님께서 지도해 주셨던 소프트볼 덕분에 지금까지 내가 스포츠에 대해 좋은 감정을 가지고 있듯이, 나에게 피클볼을 배웠던 어린 학생들이 성인이 되었을 무렵 피클볼이 전 세계적으로 각광 받는 스포츠로 성장해 있고 그들이 즐겁게 피클볼을 즐기는 모습을 생각하니 흐뭇한 마음에 웃음이 절로 난다.

2024 피클볼 지도교사 레벨 UP 직무연수

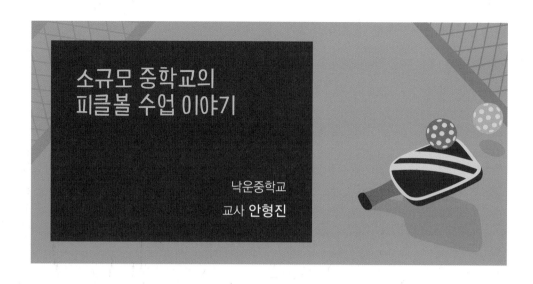

소규모 중학교의
피클볼 수업 이야기

낙운중학교
교사 **안형진**

2024년 우리 학교 이야기

　내가 근무했던 학교(화북중학교)는 전교생이 17명인 농어촌의 소규모 중학교다.(현재는 인사 발령으로 학교를 옮긴 상황이다. 본 내용은 2024년 쓰여진 글이다.) 2024년을 기준으로 남학생은 6명, 여학생은 11명이다. 학교 시설은 탁구대 두 대 정도를 놓을 수 있는 공간의 작은 강당 하나와 테니스코트 2면, 농구 코트, 그리고 큰 운동장이 있다. 속리산 자락에

체육 수업을 위해 준비 운동을 하고 있는 학생들

자리 잡고 있어 아름다운 경치와 깨끗한 자연환경은 대한민국 상위 1%라도 해도 될 만큼 남부럽지 않은 곳이다. 이곳의 아이들은 심성이 곱고 순수하고 착하다. 그래서 매일 아이들을 마주하다 보면 참 감사한 마음이 든다. 인사 잘하고, 선생님을 존중할 줄 알고, 자신에게 맡겨진 것에 대해서는 책임을 다할 줄 아는 아이들과 참 감사한 하루하루를 보냈다. 그런데 이런 이상적인 곳에서도 한 가지 아쉬운 점이 있었다. 그것은 학생 수로 인한 체육 활동 경험의 제약이다. 아무래도 학생 수가 적다 보니 농구나 축구 같은 단체 운동은 경기 형태로 접하기가 쉽지 않고, 그러다 보니 기능 숙달 위주로 학생들을 가르치게 되면서 고민이 깊어졌다. "어떻게 하면 아이들이 즐겁게 경기에 참여하는 경험을 키우고, 서로 협력하고 성장할 수 있도록 도울 수 있을까?"라는 질문은 행복한 학교에서 내가 스스로에게 던지는 주된 질문이었다.

피클볼과의 만남

정확한 시기는 기억이 나지 않지만, 2023년도였던 것으로 기억한다. 전국의 체육교사 수천 명이 모인 단톡방에서 '피클볼'이라는 단어가 자주 보이기 시작했다. 연수에 대한 이야기가 오고 가고 수업 자료가 공유되는 모습을 보면서 '아, 요즈음은 저런 스포츠가 유행을 하는구나.' 정도로만 생각했다. 이전에 나는 한국형 뉴스포츠를 개발하고 보급하는 과정에 참여한 적이 있었다. 그래서 새로운 스포츠가 소개되고 보급되는 과정을 보면서 반가운 마음은 들었다. 그러나 당시는 학생 수련원에 파견 교사로 근무하던 시절이라 나중에 다시 현장으로 돌아가면 적용해 보겠다는 정도로만 생각하며 대수롭지 않게 지나쳤다.

그러다가 2024년 여름, 가족과 미국 동부 여행 중에 피클볼을 다시 만나게 되었다. 내가 여행을 다닌 곳은 뉴저지와 뉴욕 인근이었는데, 뉴욕의 펜스테이트 지하철역 인근에 실내 피클볼 센터가 있는 것을 우연히 보게 되었다. 그때 이전에 단톡방에서 오고 갔던 피클볼에 대한 대화가 떠올랐다. 뉴욕의 '스케쳐스'라는 스포츠 브랜드 매장에 들어갔더니 피클볼 패들과 피클볼 전용 경기화가 판매되고 있었고, 우리나라에서는 테니스코트가 그려져 있을 법한 공원이나 운동장 바닥에 피클볼 경기장이 그려져 있었다. 얼핏 뉴스로 빌 게이츠가 피클볼을 즐겨 하며, 르브론 제임스가 피클볼 구단주가 되었다는 이야기를 접하기는 했는데, 실제로 그런 인기를 미국에서 직접 느껴본

❶ 뉴욕 지하철역 앞에 위치한 실내 피클볼 센터
❷ 뉴욕의 스포츠용품점에서 판매되고 있는 피클볼 패들과 전용구
❸ 뉴욕의 스포츠용품점에서 판매되고 있는 피클볼 전용화

것이다. 미국에서 만난 피클볼을 계기로 학생들에게도 피클볼을 소개하고 싶은 마음이 강하게 들었다. 그 덕분에 소규모 중학교에서의 피클볼 수업을 시작할 수 있었다.

소규모 중학교 교사의 관점에서 본 피클볼의 장점

내가 소규모 중학교에서 피클볼 수업을 해야겠다고 마음먹은 데에는 몇 가지 이유가 있다.

첫 번째는 피클볼의 낮은 진입 장벽이다. 처음 피클볼을 접하는 학생도 30분만 기본 규칙을 배우면 피클볼 게임에 참여할 수 있다는 점이 가장 매력적으로 다가왔다. 테니스나 배드민턴, 탁구와 같은 라켓 스포츠를 지도해 본 체육 교사라면 아마 이 부분에 대해 공감할 것 같다. 대부분의 라켓 스포츠는 학생들이 경기 참여에 이르게 하는 데 많은 시간과 노력이 필요하다. 피클볼은 그중에서 진입 장벽이 가장 낮고 빨리 경기 참여가 가능한 종목이라 생각한다. 실제로 학생들은 잠깐의 규칙 안내 후에 어

설프게나마 피클볼 경기를 즐길 수 있었다.

두 번째는 피클볼이 다양한 라켓 스포츠의 장점을 합친 종목이라는 점이다. 피클볼은 테니스의 네트 높이, 배드민턴의 경기장 규격, 탁구와 유사한 경기 규칙과 경기 도구를 활용하여 참여하는 경기이기 때문에 피클볼 하나를 배우면 다른 라켓 스포츠에 대한 지식에 도움이 된다. 반대로 다른 라켓 스포츠 경험 역시 피클볼을 배우는 데 있어 도움이 된다. 이런 긍정적 전이가 피클볼을 배우기 쉽게 하고, 피클볼을 통해 다른 라켓 스포츠에 대한 진입 장벽을 낮추는 긍정적 요인으로 작용한다.

세 번째는 피클볼만의 독특한 경기 방법이다. 예를 들면 딩크샷이나 드롭샷이라는 안정적이고 섬세한 기술이 경기의 승리에 큰 영향을 미친다는 점이, 남녀노소 누구나 참여할 수 있고 경기 안에서 저마다의 전략을 활용해 경기를 펼칠 수 있게 하는 요인으로 작용한다는 것이다.

네 번째는 진입 장벽은 낮으면서도 기능 수준이 올라가면 프로 경기까지 참여 가능할 정도로 수준의 스펙트럼이 넓다는 것이다. 이런 특성은 일회성으로 그치기 쉬운 뉴스포츠의 단점을 보완하고, 전통 스포츠와 같은 지속성을 지닐 수 있는 큰 장점이다.

다섯 번째는 비용이 많이 들지 않는다는 점이다. 피클볼은 패들과 플라스틱 재질의

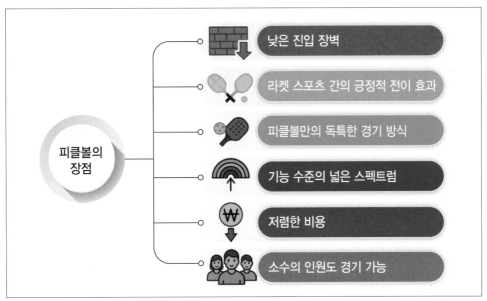

🏓 피클볼의 장점

공, 배드민턴 코트 크기의 공간만 있으면 참여할 수 있다. 게다가 실내와 실외에서 사용할 수 있는 공도 별도로 마련되어 있어, 말 그대로 언제, 어디서든 즐길 수 있는 스포츠로서의 강점을 지니고 있다. 여기에 두 명만 있으면 경기가 가능한 라켓 경기의 일반적 장점까지 더해져 장점이 많은 스포츠라 하겠다.

우리 학교의 피클볼 체육 수업

피클볼 체육 수업을 진행했던 학년은 중학교 3학년이고, 참여 학생은 남학생 3명, 여학생 3명이다. 지금부터는 학생들과 함께한 나의 피클볼 수업에 대해 소개해 보겠다.

1 용품 구입하기

수업을 위해 가장 먼저 한 일은 패들과 공을 준비하는 일이었다. 기존 학교 체육 예산을 활용해 피클볼 전용 패들과 공을 구입했다. 네트는 테니스코트의 네트를 활용하기로 했고, 테니스코트에 마스킹 테이프를 활용해 피클볼 경기장을 직접 그렸다. 비교적 저렴한 가격으로 필요한 물품들을 마련할 수 있었고, 학생들에게도 새 장비를 보여주며 기대감을 키웠다.

❶ 피클볼 수업을 위해 테니스코트 위에 마스킹 테이프로 만든 피클볼 경기장
❷ 피클볼 수업을 위해 구매한 패들과 피클볼 공

❷ 피클볼과 친밀해지기

배우지 않고 경기하기

처음에는 특별히 기술을 가르치지 않고, 학생들에게 패들과 공을 나눠주며 자유롭게 쳐보게 했다. 네트를 설치하고 간단한 규칙만 설명한 후 "한번 직접 해 보자."라고 하자 학생들은 금세 흥미를 느꼈다. 공이 네트를 넘지 않거나 엉뚱한 방향으로 튀어나가도 웃음소리가 끊이지 않았다. 이 과정에서 학생들은 피클볼의 기본적인 움직임을 자연스럽게 익히기 시작했다.

피클볼 퀴즈 만들어보기

2학기는 8월 중순부터 진행되었는데, 수업 중간에 비가 오는 날이 있었다. 이런 날에는 야외에서 수업하기가 어려웠기 때문에 피클볼에 대한 이론 수업을 진행했다. 학생들이 지루하지 않게 활동에 참여할 수 있도록 퀴즈 프로그램을 활용해 피클볼 경기 방법 및 규칙을 퀴즈로 배우게 했다. 또한, 학생들이 직접 퀴즈를 만들어 서로에게 내보게 하면서 이론적인 부분들을 더욱 재미있게 이해하도록 했다. 즐겁게 퀴즈를 풀고,

피클볼을 제대로 배우지 않은 상태에서 직접 경험해 보는 학생들

스스로 퀴즈를 만들어보기도 하면서 학생들은 자연스럽게 피클볼 경기 방법과 규칙을 익혔다.

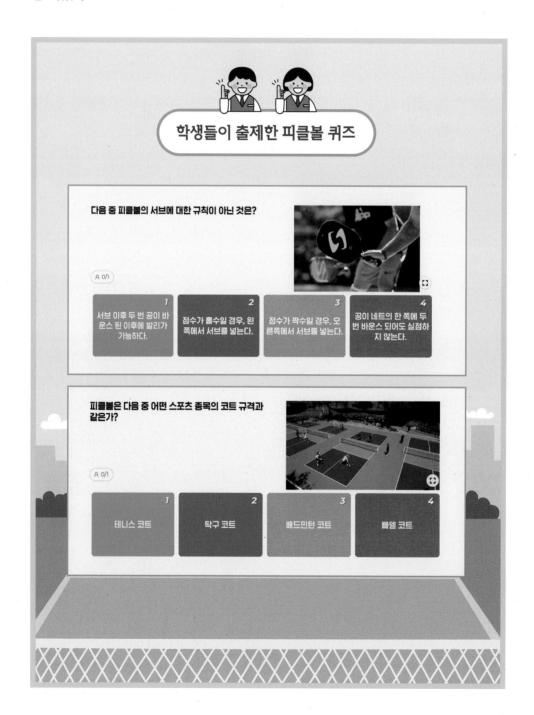

3 경기 기능 익히기

학생들이 기본적인 피클볼 움직임에 익숙해진 후 본격적으로 기술을 가르쳤다. 서브와 스트로크, 딩크샷, 드롭샷 등 다양한 기술을 단계별로 소개했다. 기술별로 체육 교사가 먼저 시범을 보여준 뒤 학생들이 연습하도록 했다. 예를 들어, 딩크샷 연습 시간에는 네트 가까이에서 천천히 공을 넘기는 기술을 보여주고 집중적으로 연습하도록 했다. 벽에 라인을 그어주고 정확한 위치로 공을 치는 연습을 하면서 정확성도 키웠다. 이 과정에서 학생들은 정확성과 속도를 조절하는 법을 배웠다.

4 경기 기능 숙달하기

연습을 통해 익힌 기술을 실제 경기 상황에서 활용할 수 있도록 돕기 위해 학생들에게 짝을 지어 연습하도록 했다. 한쪽은 서브를 넣고 다른 한쪽은 이를 받아넘기며 자연스럽게 랠리를 이어가도록 했다. 반복 연습을 통해 학생들의 기술 숙련도가 눈에 띄게 향상되었다. 또한, 이 과정에서 팀워크와 의사소통의 중요성도 자연스럽게 경험할 수 있었다.

❶ 벽치기를 통해 경기 기능을 익히고 있는 학생들
❷ 짝을 지어 경기 기능을 연습하는 학생들

5 미니 게임으로 전술 이해하기

　기술 연습 이후에는 미니 게임을 통해 전술적인 사고를 키우는 활동을 진행했다. 2:2로 팀을 구성하고, 제한된 시간 안에 점수를 내는 방식으로 경기를 진행했다. 경기 중 학생들은 "서브 후 어디로 움직여야 상대방이 공략하기 어려울까?"와 같은 질문을 스스로 던지며 전략을 고민했다. 짧은 게임이 끝난 후에는 각 팀이 자신들의 플레이를 돌아보며 피드백을 주고받았다.

6 경기 참여하기

　마지막 단계에서는 학생들이 배운 기술과 전술을 활용해 정식 경기를 진행했다. 각자 역할을 맡아 심판, 기록자, 선수로 참여하면서 경기의 흐름을 경험했다. 처음에는 어색해하던 학생들도 시간이 지나면서 경기에 몰입하며 서로를 응원했다.

❶ 미니 게임에 참여 중인 학생들
❷~❺ 경기에 참여 중인 학생들

🔟 수업+α 피클볼 수업을 위한 디지털 기술 적용하기

피클볼 수업을 하면서 필요하다고 생각되는 부분에는 디지털 기술을 적용하는 시도를 해 보았다. 세상의 변화에 체육도 뒤처지지 않아야 한다고 생각했다. 기술이 체육을 돕는 방법은 무엇일까 고민하다가 정답은 아니지만 조금씩 기술을 적용해 보면서 가능성을 찾아보고 싶었다. 앞서 소개한 우천 시 퀴즈 프로그램은 디지털 기술이 체육에 관한 지식과 정보를 배우게 하는 데 유용한 도구가 된 사례이다. 그 밖에 '스탠바이미 고'라는 무선 이동식 모니터를 활용해 수업 목표를 제시하거나 경기 규칙과 방법에 대한 영상을 제공해주기도 하고, 전술과 관련된 프레젠테이션 자료를 만들어 보여주기도 했다. ChatGPT로 간단한 코딩을 하는 방법을 물어보고 피클볼 전용 스코어 보드를 만들어 활용해 보기도 했다. 그리고 스마트폰을 활용해 수업 장면을 사진으로 찍거나 동영상으로 촬영하여 피드백을 제공하거나 다른 교사들과 수업을 공유하는 데 활용하기도 했다.

❶ 피클볼 퀴즈 제작 화면
❷ 피클볼 스코어 보드 프로그램 화면
❸ 수업에 활용된 스탠바이미 고 모니터
❹ 수업 촬영을 위한 스마트폰

오른쪽 QR Code는 내가 수업을 했던 내용 중에서 공개 수업을 위해 작성했던 지도안이다. 왜 수업을 계획하게 되었고, 어떤 방식으로 수업을 하게 되었는지를 살펴보는 데 작은 도움이 되길 바란다.

피클볼 수업 지도안

이야기를 마치며

지금까지 소규모 중학교에서 한 학기 동안 시도해 보았던 피클볼 수업에 대한 이야기를 나누어 보았다.

피클볼 수업을 하면서 가장 기분이 좋았던 때는 학생들이 성별이나 기능 수준의 차이에 구애받지 않고 함께 경기에 즐겁게 참여하는 모습을 볼 때였다. 모두가 즐겁게 참여할 수 있는 체육 수업이란 말처럼 쉽지 않은데, 피클볼 수업을 하면서 그런 수업을 경험해 보았다는 것이 나에게는 참 감사한 일이다. 좋은 학생들이 함께해 주었기 때문이기도 하고, 피클볼이라는 종목이 그런 경험을 만들어 내는 데 유익한 스포츠이기 때문이기도 하다. 소규모 중학교에서의 경험이기는 하지만, 학교 규모가 달라지거나 성별이 달라지더라도 그에 맞게 수업을 조금만 바꾸어 설계한다면 피클볼은 훌륭한 수업의 재료가 될 것 같다. 모든 학생이 함께 즐겁게 체육 수업에 참여하는 이상적인 장면을 선생님들도 만날 수 있기를 바란다.

수업을 마치고 학생들과 함께

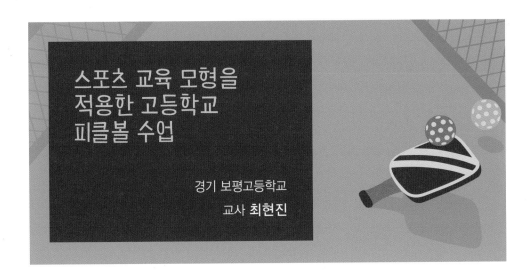

스포츠 교육 모형을
적용한 고등학교
피클볼 수업

경기 보평고등학교
교사 **최현진**

피클볼 수업 계획

피클볼 수업을 통해 세운 최종 목표는 경기 실전 능력이었다. 경기와 관련한 수행평가까지는 진행하기 힘들어 경기에 필요한 기술들로 수행평가 계획을 세웠다. 기술에는 서브, 포핸드 및 백핸드 스트로크, 딩크샷 랠리이다. 각 기술 수업은 감각 연습 후 실전 연습을 했으며, 수업 진도는 다음과 같이 진행했다.

🏓 서브 연습

단 계	활동 연습	비 고
감각 연습	• 패들 없이 거리별로 맨손으로 공 던지기 → 거리별로 스윙 궤적, 스피드, 손에 들어가는 힘이 다른 것을 느낄 수 있게 하는 연습	• 일직선으로 보내는 것을 먼저 연습해야 거리감을 익힐 수 있다.
	• 패들(그립) 잡는 방법 배우기 → 패들의 면이 공을 보내고자 하는 방향으로 향해야 한다는 것을 알려주기	
	• 패들을 든 상태에서 거리별로 언더 스트로크하기 → 처음 패들 없이 거리별로 맨손으로 공 던지기에서 패들을 들고 거리별로 언더 스트로크 연습하기 → 거리에 따라 스윙의 궤적, 스피드, 그립에 쥐는 힘이 달라진다는 것을 알게 하는 연습	
	⇒ 논발리존 라인에서 시작하여 점차 엔드라인까지 거리를 조절하며 일직선으로 공을 보내는 연습을 한다.	

단 계	활동 연습	비 고
실전 연습	• 서브는 대각선 방향으로 해야 하므로 감각 연습을 통해 멀리 공을 보내는 것이 가능해지면 대각선 방향으로 서브 연습하기 학급 인원수에 따른 코트 및 네트 사용에 제한이 있으므로 한 코트에서 모두 진행한다. | ①	③
②	④ | ❶ 4조로 나누고 ①번 코트에서 ④번 코트로, ②번 코트에서 ③번 코트로 서브한다. ❷ ①번 코트에서 넘어온 공을 ④번 코트 학생이 받으면 ④번 코트에 있는 학생이 ①번 코트에 있는 학생에게 서브한다. ❸ 일정 시간이 지나면 ①↔②, ③↔④ 바꿔서 서브 연습을 한다.	• ①↔② ③↔④ 바꿔서 서브해야 오른쪽, 왼쪽 모든 코트에서 서브 연습이 가능하다.
모의 수행	• 2코트를 사용 가능한 시간에 1코트에서는 서브 연습을 하고 2코트에서는 번호 순서대로 와서 모의 수행으로 감각 익히기	

❶ 거리별로 공 던지며 감각 익히기
❷ 거리별로 패들로 일직선 언더 스트로크하기

🏓 스트로크 연습

단 계	활동 연습	비 고
감각 연습	• 한쪽 코트에 있는 학생이 서브하면 반대편 코트에 있는 학생이 야구에서 선수가 글러브로 공을 잡듯이 패들로 공을 잡도록 한다. → 포핸드 및 백핸드 스트로크는 공의 낙하 지점을 파악해 움직이고 자신만의 타점에서 스윙해야 한다. 서브된 공을 패들로 잡게 하면 스텝을 밟으며 움직이게 할 수 있고, 공을 잡는 지점이 타격 지점이라는 것을 익힐 수 있다. 이렇게 연습하면 서브 리시브가 가능하다. ※ 공을 잡는 규칙 : 무조건 원 바운드된 공 잡기	
	• 제자리에서 본인이 떨어뜨린 공 스윙해서 스트로크 성공하기 • 포핸드 스트로크부터 한다 • 스탠스를 제대로 취하도록 안내해준다 ※ 오른손잡이: 왼발 앞, 오른발 뒤 / 왼손잡이: 오른발 앞, 왼발 뒤	
	• 포핸드가 가능해지면 제자리에서 백핸드 스트로크 성공하기 – 스탠스를 제대로 취하도록 안내해준다 ※ 오른손잡이: 오른발 앞, 왼발 뒤 / 왼손잡이: 왼발 앞, 오른발 뒤	
실전 연습	<table><tr><td>①</td><td>③</td></tr><tr><td>②</td><td>④</td></tr></table>①(②)번 코트에 있는 학생이 ④(③)번 코트에 있는 학생에게 서브를 하면 ④(③)번 코트에 있는 학생이 포핸드 스트로크를 한다.	• 포핸드 • 백핸드 • 랜덤으로 • 위의 순서대로 진행하면 학생들이 공의 방향을 판단해 스트로크를 할 수 있다.
	<table><tr><td>①</td><td>③</td></tr><tr><td>②</td><td>④</td></tr></table>①(②)번 코트에 있는 학생이 ④(③)번 코트에 있는 학생에게 서브를 하면 ④(③)번 코트에 있는 학생이 백핸드 스트로크를 한다.	
	→ 감각 연습을 통해 서브된 공을 보고 움직이고, 제자리에서 스윙하는 방법을 익혔기에 시간이 갈수록 움직임이 빨라지고 스트로크 성공률이 높아진다. → 이렇게 연습하면 서브와 스트로크를 계속 연습할 수 있다.	

※ 포핸드 스트로크, 백핸드 스트로크, 랜덤 스트로크 순서대로 진행한다. 랜덤 스트로크는 서브된 공의 방향을 판단하여 포핸드 또는 백핸드 스트로크를 한다는 의미다.

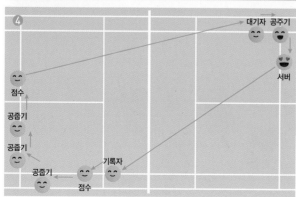

① 스트로크를 하기 전 스윙 연습하기
② 제자리에서 스트로크하기
③ 서브된 공 스트로크하기
④ 서브 & 스트로크 연습 로테이션 설명 그림

🏓 딩크샷(랠리) 연습

단 계	활동 연습	비 고
감각 연습	• 논발리존 라인 뒤에 서서 반대편에 있는 친구에게 맨손으로 공을 던진다. → 던지는 친구는 논발리존 안에 공이 떨어지게 던진다. → 공을 잡는 친구는 원 바운드된 공을 잡는다.	
실전 연습	• 패들을 들고 공을 쳐서 논발리존 안에 공이 떨어지도록 한다.	
	• 한쪽 코트에서 한 학생이 반대편 논발리존으로 공을 던져주면 반대편 학생이 원 바운 드된 공을 패들로 쳐서 논발리존 안으로 성공시킨다. → 공을 던지는 학생은 스윙 연습을 하고, 패들로 공을 치는 학생은 실제 딩크샷을 연 습하게 된다.	
	• 한쪽 코트에 있는 학생이 패들을 들고 논발리존으로 언더 스트로크를 하면 반대편 학 생이 딩크샷으로 언더 스트로크한 학생에게 공을 보낸다. → 언더 스트로크 학생의 역할은 반대편 딩크샷을 하기 위해 서 있는 친구들이 한 바퀴 를 돌면 교대한다.	
	• 양 코트에 인원을 반씩 나눠서 줄을 서고, 1코트에서 2코트로 언더 스트로크, 2코트에 서 1코트로 딩크샷, 1코트에서 2코트로 딩크샷을 한다. • 다음에는 2코트에서 1코트로 언더 토스, 1코트에서 2코트로 딩크샷, 2코트에서 1코트 로 딩크샷을 한다. → 딩크샷 랠리가 2번인데, 점차 이 딩크샷 랠리 횟수를 증가시키면서 진행하면 된다.	
	• 한 코트에 한 명만 남고, 반대편에 남은 팀원들이 줄을 선다. 한 코트에 남은 한 명의 언더 토스로 시작해 반대편 팀원들은 돌아가면서 한 명과 계속 딩크샷을 한다. → 이렇게 하면 한 명이 계속 딩크샷을 연습할 수 있다.	
	• 딩크샷 서바이벌 - 1 대 1로 딩크 경기를 시작하고, 실패한 학생은 대기자 줄 맨 뒤에 가서 대기한다. 대기 학생 중 첫 번째 학생이 코트에 들어와서 딩크샷 경기를 한다. - 규칙은, 처음에는 논발리존 라인을 넘어가도 딩크샷을 인정하고, 익숙해지면 논발 리존 안에 들어간 것만 성공한 것으로 인정하여 경기를 진행한다.	

❶ 언더 스트로크 & 딩크샷 랠리
❷ 딩크샷 랠리 서바이벌 게임하기

스포츠 교육 모형을 적용한 피클볼 리그전

1 심판 역할

심판은 판정, 점수, 서브, 라인, 논발리존 심판으로 나눴다. 각각의 역할은 다음과 같다.

역 할	역할 설명
판정 심판	• 경기를 총괄하는 심판으로 흔히 주심이라고 생각하면 된다.
점수 심판	• 점수판을 넘기는 심판으로, 판정 심판(주심)과 함께 경기 전반을 총괄한다.
서브 심판	• 서버와 리시버를 계속 체크하면서 순서대로 서브와 리시브를 할 수 있게 하는 심판이다. 라인 심판과 함께 공의 인과 아웃을 판정하고, 서버가 서브 라인을 넘어서 서브하는지를 체크한다. ※ 2 대 2 경기를 진행한 것이 아닌, 3 대 3 경기를 진행했기 때문에 필요한 심판이다.
라인 심판	• 흔히 우리가 아는 부심이다. 주심과 함께 경기 전반을 보면서 가장 중요한 인과 아웃을 판정한다. 또한 서브 심판과 함께 서브 라인을 넘어서 서브하는지를 체크한다.
논발리존 심판	• 논발리존 안에서 발리 유무 체크 • 서브팀에서 세 번째 샷을 칠 때, 반드시 원 바운드된 공을 치는지 체크 ※ 투바운스룰

학기 초의 목표는 학생들이 피클볼 기능만 배우는 것이 아니라 기능을 실제 경기에 적용할 수 있도록 하는 것이었다. 계속 경기를 하면 기술 수행력에 있어서는 수준이 높아질 수 있다는 기대감이 있었다. 기술 수행력이 높아지는 것을 넘어 심판 역할까지 계획을 세운 이유는 첫째, 교사 혼자서 모든 수업에서 진행되는 경기 심판을 할 수 없기 때문이다. 나무를 베기 전에 도끼를 갈아야 하는 것처럼, 심판을 볼 수 있도록 지도하는 데 시간이 걸려도 그 시간을 투자하면 후에 오히려 학생들의 수준이 빠르게 성장하는 걸 볼 수 있다. 둘째, 교사가 심판을 보면 경기 운영은 원활하게 진행되겠지만, 학생들이 규칙을 습득하는 데 상당한 시간이 소요된다. 심판 역할을 하다 보면 자연스럽게 경기의 규칙을 이해하고 적용하는 모습을 볼 수 있다. 셋째, 스포츠에서 선수만 있으면 되는 것이 아니라 뒷받침하는 심판들이 존재해야 경기가 진행될 수 있다는 것을 체험할 수 있다. 체험을 넘어서 진로까지 연계한다면 심판을 하고 싶다는 학생이 나타날 수 있다. 위와 같은 생각으로 지금까지 스포츠 교육 모형을 적용하며 수업을 진행한 결과 피클볼 리그전에서도 심판 역할을 할 수 있게 되었다.

2 리그전을 위한 준비

학생들의 수준이 수업을 시작할 때와 달리 많이 향상됐지만, 2 대 2 경기를 할 경우 정식 경기처럼 하기에는 무리가 있다는 판단을 내렸다. 2 대 2 경기는 리그전을 하려면 너무 많은 경기를 진행해야 하는데 방학 전까지 그만한 수업 시간을 확보할 수 없어서 경기 수를 줄이면서 랠리가 가능한 3 대 3 경기를 진행하기로 결정했다. 이에 따라 서브와 리시브 순서를 정해 서로 돌아가면서 할 수 있게 만들어야 했기 때문에 서브 심판을 두고 체크할 수 있게 준비했다. 심판 역할을 제대로 수행하기 위해 시범 경기를 진행하고 이 경기에서 돌아가며 심판 역할을 하도록 했다.

❶ 피클볼 경기 총괄 기록지
❷ 피클볼 서브 심판 기록지
❸ 선수들이 손목에 찰 팔찌
❹ 번호가 적힌 패들

3 경기 규칙 변형

실제 피클볼 경기에서 지켜야 하는 규칙을 적용한 것도 있고, 변형한 규칙도 있다. 그동안 배운 것을 경기에서 할 수 있으려면 경기 규칙의 변형은 필수였다.

2 대 2 경기가 아닌 3 대 3의 경기를 진행하면서 듀스 없이 15점을 먼저 획득하는 팀이 승리를 가져가는 것으로 했으며, 배드민턴처럼 랠리 포인트로 경기를 진행했다. 또한 점수가 짝수면 오른쪽, 홀수면 왼쪽에서 서브하고 서버가 연속일 경우 오른쪽 혹은 왼쪽으로 돌아가며 연속으로 하기로 했다. 리시버는 매 득점마다 돌아가면서 하기로 했다. 선수들은 팀별로 팔찌를(1팀: 빨간색, 노란색, 주황색 / 2팀: 파란색, 초록색, 보라색) 착용하고 반드시 돌아가면서 서브와 리시브를 하도록 했다.

서브의 경우 논발리존을 넘지 못하는 경우, 네트를 맞고 넘어간 경우는 바로 실점으로 정했으며, 랠리 상황에서 네트를 맞고 넘어간 경우 상대 팀이 스트로크에 성공하지 못하면 득점을 하는 것으로 정했다.

서브 팀의 경우 리시브 팀에서 스트로크한 것을 반드시 한 번 바운드된 공을 리시브해야 네트 앞으로 전진하여 발리를 할 수 있다는 규칙을 정했다. 이건 실제 피클볼에서도 적용되는 규칙이다.(투바운스 룰)

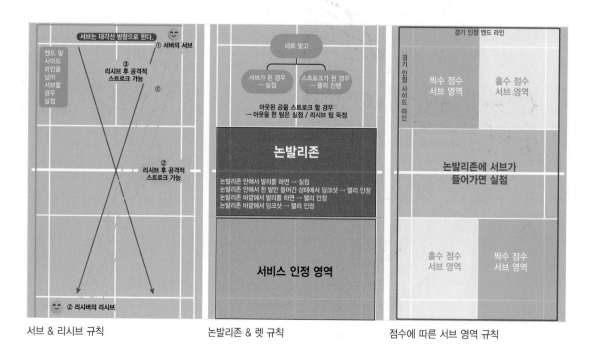

서브 & 리시브 규칙   논발리존 & 렛 규칙   점수에 따른 서브 영역 규칙

❹ 피클볼 리그전

남녀 공학인 학교에서 혼합 복식으로 경기하는 것도 좋지만, 우선, 남자 복식과 여자 복식으로 팀을 구성하였다. 팀 선정은 교사가 직접 했다. 학생들에게 맡길 경우 누구보다 잘 알아서 팀 간 격차가 없도록 구성할 수 있으나 그 과정에서 상처받는 학생이 생길 우려가 있어 교사가 직접 구성했다. 리그전을 진행할 때 항상 고민되는 부분이었지만, 수업해 온 결과를 바탕으로 팀을 선정해 경기를 진행하니 학생들도 크게 불만 없이 리그전에 참여했다.

실제 경기가 진행되는 모습. 각자 심판 역할을 잘 수행하고 있다.

수업 중 고민 해결

 피클볼 수업을 진행하면서 가장 고민했던 것은 왜 아이들이 패들에 공을 맞추지 못할까였다. 그 협응 동작이 그렇게 어려운지 의문이었다. 내가 진도 계획을 잘못 세운 것은 아닌지 되돌아보기도 했다. 그러던 와중에 젠타일(Gentile)의 운동 기술 분류가 생각났다.

 운동 학습과 제어(김선진 저, p10)를 참고하여 수업 계획을 다시 세웠다. 특히 스트로크를 할 때 추가한 내용이 있다. 그것은 바로 제자리에서 스스로 공을 떨어뜨리고 포핸드 혹은 백핸드 스트로크하기였다. 확실히 이 과정을 한 번 더 거치고 나니 학생들이 서브된 공에 반응하고 스트로크를 성공하는 확률이 높아졌다. 학부 시절 배웠던 이론을 잘 적용한다면 충분히 리드업 활동도, 수업 진도 계획도 차근차근 잘 세워서 학생들의 수행력을 높일 수 있을 것이다.

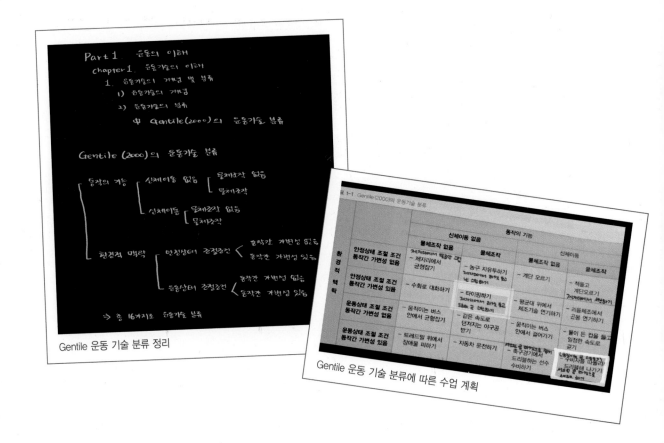

Gentile 운동 기술 분류 정리

Gentile 운동 기술 분류에 따른 수업 계획

1인 1기, 생활 체육인으로 성장하도록!

체육 교과의 목적 중 하나는 학생들이 학교에서 배운 종목을 바탕으로 생활 체육인으로 성장할 수 있도록 하는 것이다. 또한 일인 일 종목을 제대로 습득하여 졸업하는 것이다. 이 목적에 모두 부합되는 것이 피클볼이다. 패들을 들고 움직이는 볼에 대응하는 것에 협응력이 많이 필요하여 자칫 어렵다고 느낄 수도 있다. 그러나 생각보다 공과 패들의 크기가 크고 테니스와 탁구, 배드민턴보다 공을 콘트롤하기 쉬워 수월하게 경기에 참여할 수 있다.

무엇보다 피클볼은 실내외 모든 곳에서 가능하기 때문에 언제나 재미있게, 신나게 체육 활동에 참여할 수 있게 하는 큰 장점이 있다. 10대에는 국어, 영어, 수학으로 살아가지만, 그 이후에는 음악, 미술, 체육으로 살아간다는 말이 있다. 그만큼 학생들의 졸업 후 삶의 질을 향상시키는 데 체육이 중요하다는 말이다. 체육을 생활화하는 데에는 피클볼이 최적의 운동이라고 할 수 있다.

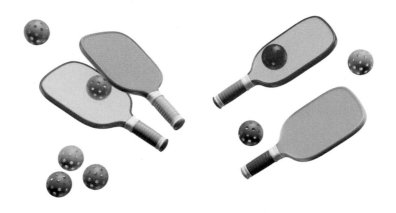

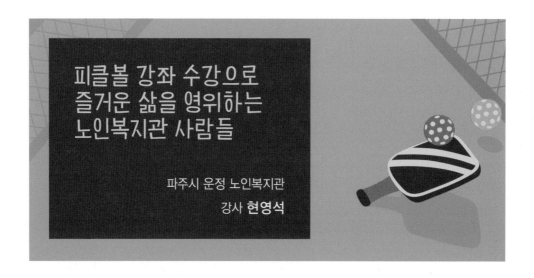

피클볼 강좌 수강으로
즐거운 삶을 영위하는
노인복지관 사람들

파주시 운정 노인복지관

강사 현영석

본인 소개

경기도 고양시 일산에 거주하고 있는 피클볼 강사이다. 나이는 65세이며, 취미 활동으로 30여 년간 아내와 테니스 동호회 활동을 했다. 그러다가 공직 생활에서 정년 퇴직한 후 2020년 여름에 지인 소개로 피클볼을 알게 되었다. 주민들과 즐겁게 운동하면서 각종 대회에도 참여했고, 2024년 8월에는 시니어 대회 우승도 했다. 피클볼이 매우 효율적인 뉴스포츠이기 때문에 취미 생활이었던 테니스를 단절하는 계기가 되었다. 2022년에는 대한피클볼협회에서 피클볼 지도자 연수를 받고 2024년 3월부터 파주시 운정 노인복지관 어르신들에게 주 1회(2시간) 피클볼을 가르쳐 드리고 있다.

피클볼을 어떻게 알게 되었나?

테니스를 함께 즐겼던 지인에게 소개를 받고, 고양시 피클볼 동호회에 가입했다. 그리고 인터넷과 유튜브를 통해 피클볼에 대한 세부 내용을 구체적으로 학습하게 되었다. 특히 처음에는 소형 이동식 네트도 구매하여 거실에 설치해 놓고 매일 아내와 기본 기술을 연마했고, 기회가 날 때마다 인접 지역 동호회도 탐방하고, 각종 전국 대회도 참석했다. 앞으로는 여행 시에도 패들은 필수로 휴대하여 다니고 해외 대회도 도전할 계획이다.

① 동호회 활동–고양시 알미공원
② 볼컨트롤 지도–파주 노인복지관
③ 딩크경기 지도–파주노인복지관
④ 2024년 전국대회에 참가–시니어 남복 우승

복지관에서 피클볼을 가르치기로 결정한 계기는 무엇인가?

뉴스포츠 피클볼은 신체에 무리가 가지 않는 범위에서 적절하게 운동하도록 하므로 어르신들의 정신적 육체적 건강 증진에 크게 기여할 수 있다. 또한 피클볼 모임 활동을 통해 사회성을 유지하여 치매 예방에도 많은 도움이 되는 생활 체육이기에 초고령화 사회로 진입하는 시점에서 매우 필요한 운동이라고 생각했다. 이는 국가적으로도 필요한 일이라고 생각하여 재능을 기부하는 마음으로 피클볼 강습에 참여하게 되었다.

패들 잡는 방법을 익히는 모습

피클볼 강좌가 다른 체육 활동과 다른 점은 무엇인가?

첫째, 좁은 공간에서도 많은 사람이 운동을 할 수 있으며, 사회성을 유지하기 좋다.

둘째, 짧은 시간에 운동 효과를 많이 볼 수 있다.

셋째, 진입 장벽이 낮아서 누구나 쉽게 시작하고 함께 즐길 수 있다.

넷째, 운동 시 몸에 무리가 적으며 부상 위험이 적다.

다섯째, 수준이 향상될수록 재미와 만족도가 더욱 증가하는 매력이 있다.

여섯째, 남녀노소 가족 모두 함께 할 수 있어서 가정에 큰 기쁨을 가져다준다.

피클볼 강좌에 참여하는 어르신들의 수업 참여도는 어떠한가?

복지관에서 주 1회(2시간) 강습을 실시하지만, 참여도가 떨어질 수 있어서 SNS을 이용하여 동영상 자료를 배포함으로써 더 많은 접촉을 하고 있다.

2024년 전반기(3~6월)에는, 대체적으로 많은 흥미를 불러 일으켰고, 80%는 적극 참여했다. 잘 참여하다가 지병(회전근계 파열 등)으로 스스로 포기하는 경우가 1건 발생했고, 과체중 어르신이 낙상으로 입술이 찢어지는 일도 있었다. 고령(80세 이상)임에도 불구하고 너무 승부욕이 강하거나 거동이 원만하지 않은 어르신도 있어서 항상 실시간으로 관찰하면서 안전에 중점을 두며 강습했다. 보완 사항으로 신체 활동 고려 대상자 선정에 대해 복지관에 건의했다.

2024년 후반기(8~11월)에는 복지관 차원에서 많은 어르신에게 기회를 제공하고자 초심자들과 연령, 신체 활동을 고려해서 수강 기회를 제공했기 때문에 위에서 언급했던 어려움은 다소 해소되었다. 어르신들이 자발적이고 열정적으로 수업에 참석했는데, 수업 1시간 전에 참석해서 기본 기술을 단련할 정도로 열의를 보이고 있다.

지역 사회와 연계하여 피클볼 운동이 주중에도 이루어질 수 있도록 복지관과 연접한 운정 건강 공원 농구장에 공간이 마련된 것은 더없이 감사하고 기쁜 일이다. 수원을 비롯한 인접 지역에서도 강습 요청이 들어와 피클볼을 널리 퍼뜨리는 데 더욱 활발히 움직일 계획이다.

준비 운동을 하고 있는 모습

피클볼 시니어 강좌에 관하여 하고 싶은 말씀이 있다면?

  피클볼 수업에 참여하는 어르신들에게는 성취 동기를 부여하는 것이 중요하다. 그뿐만 아니라 수업 전 안전 교육 및 준비 운동과 운동 후 마무리 운동을 습관화해야 한다. 수업 시간에는 어르신들의 역량을 고려해서 무리하지 않게 강습과 휴식의 균형을 맞춰야 하며 주관 부서와 유기적으로 협조하여 주중 수강일을 늘려 운동 효과를 증대해야 한다. 강습 시에는 수준별로 강습생을 분류하여 흥미를 유지하고 안전을 담당하는 보조 강사와 함께 수업을 진행하는 것이 바람직하다. 다음 강좌 시에는 복지관에서 강습의 유료화도 고려하고 있는데, 유경험자의 일부에게는 참여 기회를 주어 인기 있는 강좌로 자리매김하기를 희망해 본다.

딩크를 연습하는 모습

야외 공원에서 피클볼을 즐기는 모습

피클볼에 관하여
곽정희 선생님께 드리는
임성철 선생님의 질문

미국에서 피클볼이 큰 인기를 얻는 이유가 무엇이라고 생각하시나요?

피클볼은 배우기가 쉽고, 랠리가 길어 재미있으며, 남녀노소 누구나 함께 즐길 수 있는 운동이다. 다른 스포츠에 비해 상대적으로 경기장이 작고 장비가 간단하며 피클볼만의 독특한 규칙으로 인해 관절과 근육, 전신에 부담이 적어 체력이 약해도 참여할 수 있다. 적은 비용으로 시작이 가능하며, 유지 비용도 저렴하여 가성비가 높은 스포츠이기도 하다. 고령 인구가 늘어나면서 테니스를 즐기던 인구가 대거 피클볼로 유입되었으며, 연령별(10대~80,90대), 레벨별(3.0~8.0)로 즐

길 수 있는 피클볼만의 독특한 특징과 문화가 매력적이다. 또한 피클볼 경기를 통해 얻을 수 있는 장점(심혈관 건강 개선과 근육 발달 등)으로 건강을 향상할 수 있으며, 사회적 상호 작용을 통해 결속과 친목을 제공하고, 고립감이나 외로움을 극복하는 데 도움을 주어 정신과 감정의 웰빙을 증진한다. 미국에서는 대내외적으로 수많은 경기 개최를 하고 있고, 테일러 스위프트, 저스틴 비버, 빌 게이츠, 조지 클루니, 엠마 왓슨, 카다시안 자매 등 유명 셀럽들이 피클볼 마니아로 알려지면서 인기를 지속해가고 있다.

미국 이외에 피클볼이 활성화된 나라는 어떤 나라들이 있나요, 이유는 무엇일까요?

1965년 미국에서 시작된 피클볼은 북미(미국, 캐나다)를 중심으로 활성화되었다가 최근에는 아시아(대만, 싱가포르, 베트남, 인도, 중국, 일본, 한국 등)와 유럽(영국, 프랑스, 이탈리아, 네덜란드 등) 전역에서 폭발적으로 성장하고 있다. 진입 장벽이 낮고, 다양한 연령층에 매력적인 점 등 피클볼만의 많은 장점으로 인해 피클볼이 전 세계로 확산 및 활성화되고 있다고 생각한다.

한국에서 피클볼의 확산 속도는 어떠한가요?

피클볼은 한국에서 2016년에 처음 소개되어 아는 사람을 중심으로 극소수만 즐기는 생소한 스포츠였으나 2020년 Covid 19 발생과 함께 실외에서 삼삼오오 피클볼을 즐기는 모습이 많이 노출되면서 라켓 운동 경험자, 가족, 학교 체육, 시니어, 청장년에 이르기까지 빠른 속도로 확산되고 있다. 각 지역 마니아와 리더들의 헌신적인 노력과 열정, 그리고 소규모 대회를 통해 성장하여 2020년에 100명도 채 되지 않았던 피클볼 인구는 2024년 1월 현재 3,000명 이상, 크고 작은 동호회는 100개 이상으로 크게 늘었고, 앞으로도 그 성장 가능성은 무한하리라 예측된다.

한국에서 피클볼이 학교 체육과 생활 체육으로 활성화될 가능성이 있다고 생각하시나요?

피클볼만의 여러 가지 장점과 특성을 감안할 때 학교 체육과 생활 체육에서도 활성화될 충분한 잠재력이 있으며, 이미 활성화가 시작되었다고 생각한다. 활성화를 위해 보완되어야 할 것들을 살펴보면, 학교 체육에서는 피클볼 지도 교사를 위한 체계적인 지도법 연수, 학교 현장에서 실제 적용할 수 있는 수업 사례와 다양한 경험 공유, 장소 확보(강당 또는 야외 코트), 지역 또는 전국 단위의 학교 스포츠 클럽 대회 개최 및 운영이 필요하다. 생활 체육에서는 유능한 피클볼 지도자 양성, 다양한 클럽의 활성화, 시군구 생활체육회 가입 및 조직과 운영, 피클볼을 즐길 수 있는 장소와 다양한 정보 제공 등이 뒷받침된다면 지금보다 더욱 활성화될 수 있을 것이다.

한국에서 피클볼이 엘리트 체육으로 자리를 잡을 가능성이 있나요?

피클볼이 올림픽 정식 종목으로 채택되거나 미국처럼 프로 피클볼 대회가 활성화되다면 어렸을 때부터 꿈을 갖고 도전하는 피클볼 꿈나무들이 많아질 거라 생각한다. 특히 피클볼은 젊은층(주니어부, 19세 이상 49세 이하)뿐만 아니라 35세 이상, 50세 이상, 60세 이상 등 시니어 프로 리그도 활발하게 운영되고 있기 때문에 엘리트 체육을 평생 할 수 있는 종목으로도 유리한 점이 많다. 현재, 우리나라에 권미혜, 김응권 선수(19+ 오픈부) 등이 아시아에서 열리는 프로 피클볼 대회를 투어하며 좋은 성적을 거두고 있고, 호주 MLP 리그에서도 활약 중이다. 또한 50세 이상의 시니어 프로를 준비하고 있는 JOOLA Team Picklelution 선수들도 있다.(리더 서태원, 김용주, 박영춘, 임택곤, 장일준, 정용문, 곽정희, 서금원, 오현주) 향후 유럽이나 아시아 지역에도 프로 리그가 운영될 예정이라고 하니 엘리트 체육으로서의 피클볼 전망은 매우 밝다고 할 수 있다.

피클볼 국내외 주요 대회를 소개해 주세요

2021년부터 지금까지 전국 및 지역 단위의 국내 대회가 꾸준히 열리고 있다. 개최된 대표적인 대회는 대구 수성구 피클볼연맹회장배대회, 수원시 피클볼오픈대회, 강동구협회장배, 강동구구청장배 피클볼대회, Head코리아 오픈피클볼청주대회, 괴산전국동호인피클볼대회, 안동 코리아오픈피클볼대회, WPC안동 코리아오픈피클볼대회, 서울 오픈피클볼대회, 서울 클래식오픈피클볼대회, FILA대학부 피클볼대회, 마포피클볼토너먼트피클볼대회, 울산광역시 협회장배피클볼대회 등이며 이외에도 크고작은 대회가 활발하게 열리고 있는 추세이다.

해외에서 열리는 대표적인 대회는 미국 내셔널챔피온십(US National Championships)과 US 오픈 토너먼트가 있고, 미국 전역에서는 매 해 수천 개의 피클볼 토너먼트가 개최된다.

⊕ APP

APP(Association of Pickleball Proressionals)는 2022년 5개국에서 32개의 대회를 개최하여 평균 800명의 선수를 유치했으며, 총상금은 약 200만 달러였다.

APP 사이트

⊕ PPA

PPA(Proressional Pickleball Assodiation)는 2022년에 총상금 250만 달러의 20개의 토너먼트를 개최했다.

⊕ MLP

MLP(major league pickleball)는 2021년에 결성되었으며 APP, PPA 선수를 모두 포함하여 8개 팀으로 구성하여 운영했고, 22년에는 12개 팀, 23년에는 24개 팀으로 확장하여 프리미어 레벨과 챌린저스 레벨로 나누어 진행하고 있다.

PPA 사이트   MLP 사이트   WPC 사이트

이밖에도 WPC(World Pickleball Championship), PWC(Pickleball world cup), AFP(Asia Federation of pickleball)에서도 매년 수많은 피클볼 토너먼트를 세계 전역에서 개최하고 있다.

피클볼 대회를 전문적으로 개최하는 Pickleball Rating League Korea

피클볼 지도자가 되려면 어떤 과정이 필요한가요?

1. 전반적인 피클볼의 이론과 규칙에 대한 이해와 숙지가 필요하다.
2. 입문 초급자(2.0~3.0)를 지도하려면 3.5 레벨(중급 이상) 이상의 실력을 갖춰야 한다.
3. 중급자(3.0~4.0)를 지도하려면 4.5 레벨(상급) 이상의 실력을 갖춰야 한다.
4. 피클볼만의 독특한 규칙과 패턴을 기초 기능에 접목하여 체계적으로 지도할 수 있는 지도법을 배우고 연구한다.
5. 피클볼 지도자 자격증을 발급하는 기관에서 시행하는 이론, 실기 등을 준비하여 지도자 시험에 응시하여 자격을 취득한다.
6. 지도 활동을 하며 꾸준하게 자기의 실력 향상을 위해 노력하며, 정기적으로 지도자 보수 교육을 받는다.

피클볼 지도자와 생활 체육인들이 함께 활동하는 인터넷 커뮤니티가 있나요?

1. 아이러브피클볼(https://cafe.naver.com/korpickleball)
2. 피클볼 친구찾기(https://cafe.naver.com/heyfunnygames)
3. 피클볼 매거진(https://cafe.naver.com/pickleball)
4. 제니의 피클볼 정보(https://blog.naver.com/kabang17)
5. Yes, 피클볼!(https://cafe.naver.com/kpla2023)

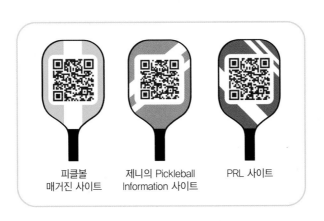

피클볼
매거진 사이트

제니의 Pickleball
Information 사이트

PRL 사이트

피클볼 장비는 국내에서도 생산되고 있나요?
피클볼 장비 구입 비용은 어느 정도인가요?

피클볼 장비의 일부를 국내에서 생산하는 일부 제품도 있으나 대부분의 제품이 중국, 대만에서 만들어져 들어오고 있다. 피클볼 유명 브랜드 제품(Joola, Selkirk, Padletak, Onix 등)은 직구로 구입하거나 국내 총판을 통해 구입할 수 있다.

피클볼을 시작할 때 초기 패들의 구입은 입문, 초급자의 경우는 10만 원 이하로 구입하여도 무방하고, 중·상급자의 겨우 본인의 선호도에 따라 20~50만 원 정도의 패들을 구입하여 사용하면 된다. 패들 이외에 개인이 준비할 것은 코트 바닥에 적합한 신발과 신축성이 좋고 땀 흡수와 배출이 잘 되는 의류이다. 만약 클럽이나 운동하는 장소에 공이나 네트가 준비되어 있지 않다면 공(1~4천 원)과 네트(10~30만 원)의 구입이 필요할 수도 있다.

피클볼이 학교 체육 수업으로
굳건히 자리 잡을 수 있을 것이라고 생각하시나요?

피클볼은 배우기가 쉽고 재미있으며, 간단한 규칙과 장비로 인해 비교적 빠른 시간 안에 기초 기술을 익히고 규칙을 이해하여 랠리와 게임까지 가능한 네트형 경쟁 스포츠이다. 학교 체육에서는 수업을 비롯한 과정 중심 평가, 교내외 스포츠 클럽 리그전, 시군구 학교 스포츠 클럽 대회 개최 및 운영으로의 확장이 가능하며, 초등학교부터 중학교, 고등학교, 대학교에서 체육 수업과 동아리 활동, 방과 후 수업 등에 적용하여 평생 스포츠의 기반을 만드는 패들 스포츠로서 굳건히 자리 잡을 수 있을 거라 기대한다.

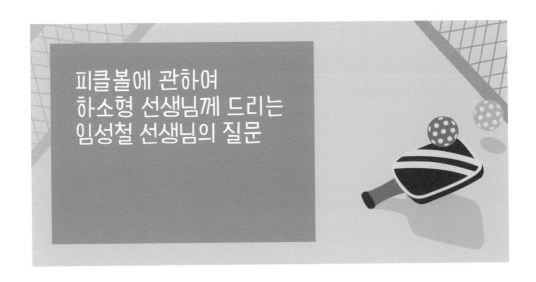

피클볼 체육 수업을 진행하신 계기가 어떻게 되나요?

스포츠 강사로 오신 곽정희 선생님의 소개로 진행하게 되었다. 진행을 준비하는 과정과 실제 수업 장면, 활동 모습, 아이들의 반응을 멀리서 보니 참 재미있게 보였고 남녀노소 누구나 참여할 수 있겠다는 생각이 들었으며, 넓은 장소가 아니더라도 간단하게 '네트형 경쟁 활동을 즐길 수 있겠구나!'라는 생각이 들어서 도전해 보게 되었다.

2023 경북 체육 한마당 피클볼 부스에서 시민 및 가족들과 함께하는 모습

피클볼 체육 수업이 다른 종목의 체육 수업과 차별화되는 특징은 무엇인가요?

평소 네트형 경쟁 활동을 많이 한다. 남자 중학교에서나 여자 중학교에서나 공통으로 많이 하는 수업이 배드민턴인데, 실제 최근에는 장소가 협소하여 다양한 뉴스포츠가 활성화되고 있다. 나도 프리 테니스, 패드민턴 등을 간이형으로 많이 했다. 테니스라는 종목을 많이 하다가 최근에는 야외 대기질의 문제, 테니스장 감소 등으로 테니스 수업을 접고 현재는 탁구 수업을 많이 하고 있다. 그러나 탁구 종목은 탁구대도 있어야 하고 기술을 익히는 데 매우 많은 시간이 필요하다.

흔히들 뉴스포츠라는 용어를 사용하는데, 최근 안전을 위한, 다양한 문제점들을 고려하여 개발되는 새로운 종목들은 조금은 접근이 용이하고, 기술을 익히기에도 더욱더 효율적인 장점을 많이 가지고 있다. 특히 피클볼 종목은 그런 네트형 경쟁 활동의 장점은 극대화하면서 단점은 많이 보완한 종목이라는 생각이 든다.

요즘 학생들은 힘들면 포기하는 습관이 있다. 어려운 것을 참고 견디거나 이겨내는 인내심이 부족해진 것 같다. 또한, 코로나 시국을 겪으면서 소통하고 배려하고 이해하려는 마음이 매우 부족하다. 학생들에게 지구력과 적극성, 배려심을 기르기에는 창의적 체험 활동이나 범교과로써는 한계가 있다고 생각한다. 교과 수업을 통해 함께 배워나가야 한다. 몸으로 부딪치고 느껴보고 또 이야기하며 소통하는 과정에서 학생들은 자신의 신체를 단련함은 물론 친구들과 재미있게 무언가 도전할 수 있는 것이다.

피클볼 체육 수업을 위한 피클볼 장비는 어떻게 준비하셨나요?

뉴스포츠 종목들의 단점은, 가격대가 지금은 고가인 경우가 많다는 것이다. 안전한 재질의 소프트 소재라서인지 개발하는 과정에서 특허를 받아서인지는 알 수 없으나 실제 일반적인 종목의 장비 가격보다 조금은 비싸다는 생각이 들었다. 또한, 종류가 너무 다양하다 보니 어떤 것이 가격 대비 효율적인 용품인지가 고민이 될 때가 많았다. 체육 수업을 위한 피클볼 장비는 전문가 선생님께 자문한 뒤 학교 예산을 보고 가격과 학교의 환경에 맞는 디자인과 재질을 추천받았다.(실내외용이 있다.)

체육 교사로서 피클볼을 배울 기회가 충분하다고 생각하시나요?

지역에서는 아직 피클볼을 배울 기회나 정보, 홍보가 많이 부족한 것 같다. 나 또한 피클볼에 대해 교직 21년 차였던 2023년도에 알게 되었으며, 그전에는 전혀 알지 못했다. 2023년 전국 단위로 개최된 대한민국 체육 대축전에서 경북 담당으로 곽정희 선생님과 함께 연수를 진행하였으며, 2023-2024 전국 여자 체육 교사 모임, 경북 스포츠 인성 동아리에서 연수를 개최하면서 많은 사람과 피클볼에 대한 연구와 모임, 배움을 이어나가고 있다.

본교 교사(역사 담당) 중 인근 지역에서 피클볼을 배우는 분의 이야기를 들었다. 피클볼이 매우 재미있고, 초보자부터 기량이 뛰어난 분까지 다양한 수준의 사람들이 모여서 배우지만 서로 도와가며 즐기고 있다는 것이었다. 알고 보니 지역에서도 점차 활동하는 곳이나 배울 수 있는 곳이 늘어나고 있고, 교사들의 배움에 대한 요청이나 문의도 많았다. 우리 모임에도 연수 개설에 대한 문의가 이어져서 늘 곽정희 선생님께 연결해드리고 있다.

❶ 뉴스포츠의 시작 피클볼
❷ 피클볼 전문 지도자에게 배우는 딩크 랠리
❸ 딩크경기를 하고 있는 체육 교사

피클볼 체육 수업은 초등학교, 중학교, 고등학교 중에서
어느 단계에서 가장 적합하다고 생각하시나요? 그 이유는 무엇인가요?

개인적인 생각으로는 초·중·고 모두 무관하다. 어떻게 보면 유·초·중·고 그리고 일반 성인과 시니어까지 그 범위가 매우 넓다고 생각한다. 놀이 문화 중심인 초등뿐만 아니라 스포츠를 익혀가는 중학교, 그리고 힘과 기술을 모두 적용할 수 있는 고등학교까지 남녀 학생 모두가 함께 즐길 수 있는 운동이라고 생각한다.

내가 수업하고 있는 초중등 체육 꿈나무 영재 수업에서는 학년에 무관하게 적용할 수 있는 종목이 필요해 참 유용하게 진행했다. 본 수업은 초 4학년부터 중 2 남녀 학생 대상으로 지원을 받아 선발해서 진행되는 영재 수업으로써 교사가 자신이 할 수 있는 종목을 추천하여 학생들에게 길게는 6~10차시 정도까지 제공하는 수업이다. 총 120시간 중 본 교사는 육상과 피클볼을 각 10시간씩 배정하여 진행해 보았다. 처음 네트형 경쟁 활동의 전반적인 역사나 특성을 설명하고 피클볼의 경기 방법 및 규칙, 용구를 설명하자 학생들은 새로운 종목에 대한 흥미와 호기심을 가지면서 즐겁게 수업할 수 있었다. 특히, 공의 재질이 안전하고 땅에서 튀는 바운딩의 높이도 많이 높지 않아 타점을 잡기가 쉽고(상대적으로 탁구공의 경우 적당한 높이에서 튀면서) 패들이 크지도 무겁지도(테니스 라켓이 무겁고 큼), 작지도(탁구채는 너무 작고 가벼움) 않은 중간 크기여서 활동 시 매우 유용했다.

피클볼 체육 수업에 참여하는 학생들의 참여도는 어떠했나요?

처음에는 생각보다 쉽게 생각하고 접근하다가 기술의 차이를 보고 도전하는 친구들이 많아지기 시작했다. 배드민턴은, 처음 도입은 조금 쉽지만, A급, B급, BC급으로 올라가기가 매우 힘든 것으로 알고 있다. 배드민턴에서는 누구나 랠리를 할 수 있다는 것이다. 잘하고 못하고를 떠나서 어릴 적부터 접하게 되고 누구나 쉽게 랠리의 단계까지는 갈 수 있다는 장점이 있다. 반대로 탁구는 도입 부분이 매우 어렵다. 많은 사람이 랠리를 어려워한다. 공이 작고 속도가 빠른 종목이므로 서로가 주고받는 기본 기술인 랠리도 어느 정도의 시간을 두고 익혀야 하기 때문이다.

피클볼의 경우는 기본적으로 배드민턴과 탁구의 중간 정도의 시간이며, 누구나 즐겁게 게임할 수 있는 종목이라고 생각한다. 너무 어렵지도 않지만, 너무 쉽지도 않다.

흔히 뉴스포츠들의 단점이 규칙이 간단하고 빨리 흥미를 잃어버린다는 것이 아쉬운 부분인데, 피클볼은 남녀 누구나 쉽게 할 수 있고 기본적인 연습 시간만 있으면 게임을 즐길 수 있는 큰 장점이 있다.

요즘 학생들은 힘들면 포기하는 습관이 있다. 어려운 것을 참고 견디거나 이겨내는 인내심이 부족하다. 코로나 시국을 겪으면서 누군가와 소통하고 배려하고 이해하려는 마음이 매우 부족하다. 이러한 내용은 교과 수업, 교실 수업으로는 한계가 있다.

몸으로 부딪치고 느끼고 이야기하고 소통하는 과정에서 신체를 단련하고 친구들과 함께 도전할 수 있는 것이 필요한데, 피클볼이 큰 도움이 될 것으로 예상된다.

피클볼 체육 수업이 향후 학교 체육에서 더 활성화될 것이라고 생각하시나요?

그렇게 생각한다. 두 가지 측면에서 활성화될 것으로 예상된다.

첫째, 학교는 학생들이 움직일 수 있는 공간이 매우 협소해지고 있다. 운동장도 축소되고 체육관도 작아지다 보니 여러 학년이 동시간에 함께 움직여야 할 때가 있다. 그렇기 때문에 주변의 다양한 공간을 이용해서 진행할 수 있는 피클볼은 작은 복도나 공간만 있어도 기본 기능, 게임을 즐길 수 있기 때문이다. 현재 초등학교에서는 중간 놀이 시간에 활용하는 학교가 늘고 있는 것 같다.

둘째, 학생들의 안전한 활동이 매우 중요한데, 피클볼에 사용되는 모든 기구는 매우 소프트한 재질이며 안전한 용품이다. 네트뿐만 아니라 패들과 공도 안전한 재질이므로 신체 활동으로 인한 사고는 크게 걱정하지 않아도 된다.

딩크 & 발리 연습을 하는 피클볼 지도자

피클볼에 관한 정보는 주로 어떻게 구하시나요?

흔히들 "아는 만큼 보인다."라는 말이 있듯이 이제는 주변에서 피클볼 경험이 있는 분들도 많고 배우시는 분들도 늘고 있다. 기존에는 협회나 단체의 홈페이지에서 많은 자료를 공유해주었으나 최근 다양한 계층의 선수, 동호인들이 생겨나다 보니 클럽 차원의 플랫폼이나 동호회 차원에서 영상들이 많이 공유되고 있다. 또한 서적이나 교본 외에도 인터넷 교본도 개발되고 있다. 그만큼 많은 사람이 참여하는 종목으로 바뀌면서 학교 현장의 체육 교사들도 수업에 적용하는 사례가 늘고 있다.

VII

한국 피클볼의 미래 전망

피클볼, 중등학교 체육 수업의 새로운 가능성

최근 체육 교육의 트렌드는 분명히 변하고 있다. 과거에는 '기술 숙달'과 '성취 중심'의 체육이 주를 이뤘다면, 오늘날의 학교 체육은 '참여 중심'과 '즐거움'에 방점을 찍는다. 이런 흐름 속에서 피클볼이라는 새로운 스포츠가 국내 중고등학교 체육 수업에 도입될 가능성이 점차 높아지고 있다. 단순한 유행을 넘어 피클볼은 교육적 가치와 실용성을 갖춘 종목으로 주목받고 있으며, 그 전망은 생각보다 밝다. 피클볼(Pickleball)은 넓지 않은 코트, 가볍고 단순한 장비, 상대적으로 느린 공의 속도로 남녀노소 누구나 쉽게 접근할 수 있도록 돕는다. 미국에서는 이미 수천만 명이 즐기는 국민 스포츠로 자리 잡았고, 일본, 캐나다, 유럽, 아시아 등에서도 대중화되고 있다. 한국에서는 2015년 이후 은퇴 세대 중심의 생활 체육 종목으로 소개되었으나, 최근 들어 청소년 및 학교 체육 영역으로도 관심이 확산되고 있다. 피클볼이 학교 체육 수업 종목으로 적합하다는 주장은 크게 세 가지 측면에서 설명할 수 있다.

운산고등학교 운동장 풍경

체육 수업 시간에 피클볼을 배우는 학생들

첫째는 접근성이다. 피클볼은 기본적인 경기 규칙이 단순하며, 배드민턴 코드를 활용할 수 있어 별도의 대규모 시설이 필요하지 않다. 패들과 공 또한 상대적으로 저렴하여 학교 예산의 큰 부담 없이 수업이 가능하다. 더불어 체육관, 운동장 등 다양한 공간에서 운영이 가능하다는 점도 장점이다.

둘째는 참여도와 재미다. 피클볼은 빠르게 게임에 몰입할 수 있고, 활동 강도가 과하지 않아 신체 능력이 낮은 학생도 부담 없이 참여할 수 있다. 피클볼은 게임 흐름이 빠르게 변하기 때문에 팀워크와 커뮤니케이션이 자연스럽게 요구된다. 이는 학생들의 사회성과 협업 능력을 기르는 데도 긍정적인 효과를 준다.

셋째는 교육적 연계성이다. 피클볼은 단순한 스포츠를 넘어 교육적 도구로 활용할 수 있다. 예컨대, 중학교 자유학기제 수업에서는 피클볼을 통해 '신체 활동 중심의 진로 탐색'이나 '생활 체육 활동 기획' 등의 프로젝트형 수업이 가능하다. 또한 체육 교과뿐 아니라 보건, 생활 교육, 진로 교육과도 연계가 가능하다. 이는 단편적인 운동 기능을 넘어서 학생의 전인적 성장을 목표로 하는 현 교육 과정 개편 방향과도 잘 맞는다.

이러한 긍정적 요소들에도 불구하고 피클볼이 체육 수업 종목으로 활성화되기까지는 몇 가지 과제가 남아 있다.

우선 교사의 인식과 역량이다. 현재 피클볼을 실제로 지도할 수 있는 체육 교사는 매우 적으며, 관련 연수도 아직 초기 단계에 머물러 있다. 대부분의 체육 교사는 기존 종목에 대한 경험과 교수법에 익숙하며, 새로운 종목 도입에는 어느 정도의 학습과 준비가 필요하다. 이를 위해 교육청이나 체육 관련 기관이 주체가 되어 체계적인 연수 프로그램을 마련하고, 수업 지도안과 평가 기준을 개발하는 것이 필요하다. 또한 제도적 기반도 중요하다. 최근 교육부와 시도 교육청이 추진 중인 '학생 선택형 체육 수업'이나 '학교스포츠클럽 활성화' 등의 정책이 피클볼 도입의 우호적인 환경을 조성하고 있다.

결론적으로, 피클볼은 한국 중고등학교 체육 수업 종목으로 충분한 잠재력을 지니고 있다. 저비용, 고참여, 교육적 연계성이라는 세 가지 핵심 요소는 피클볼이 학교 체육의 새로운 대안이 될 수 있는 기반이 된다. 물론 제도적·인적 기반의 강화와 인식 개선이 병행되어야 하겠지만, 지금의 흐름은 분명 긍정적이다. 학교 체육의 목적은 더 이상 '경쟁을 통한 우수한 체육 인재 발굴'에만 있지 않다. 모든 학생이 '몸으로 배우는 즐거움'을 경험하고, 평생 스포츠를 생활화할 수 있는 기초를 마련하는 것이 더욱 중요해졌다. 피클볼은 그러한 변화를 실현할 수 있는 유력한 도구 중 하나다. 학생들이 함께 웃고 협력하며 땀을 흘릴 수 있는 체육 수업. 피클볼은 그 미래를 향한 새로운 첫걸음이 될 수 있다.

학교체육tv 채널에서
소개하는 피클볼 영상

🏓 피클볼이 청소년에게 미치는 영향

오늘날 청소년들이 겪는 일상은 예전보다 훨씬 복잡하고 바쁘다. 학업, 진로, 인간관계 등 다양한 스트레스 요인 속에서 신체적·정신적 건강을 함께 챙기는 일은 결코 쉽지 않다. 이런 가운데 최근 떠오르는 스포츠 '피클볼'은 단순한 취미를 넘어 청소년들의 건강한 성장과 전인적 발달에 기여할 수 있는 대안으로 주목받고 있다. 피클볼이 청소년에게 미치는 긍정적인 영향을 신체적, 정신적, 사회적 측면에서 살펴보고자 한다.

❶ 피클볼은 청소년의 신체 발달에 큰 도움을 준다. 성장기의 청소년은 골격과 근육이 빠르게 발달하는 시기로, 적절한 운동을 통해 건강한 체력을 기르는 것이 매우 중요하다. 피클볼은 전신을 사용하는 스포츠로, 팔과 다리 근육은 물론, 코어 근육까지 강화시킬 수 있다. 또한, 빠른 스텝과 방향 전환이 반복되므로 심폐 지구력 향상에도 효과적이다. 특히 비만이나 체중 과다 문제를 겪고 있는 청소년에게 피클볼은 칼로리 소모가 많고 재미있는 운동으로 작용해 건강한 체중을 유지하는 데 도움을 줄 수 있다.

❷ 피클볼은 정신적인 안정과 자기 효능감을 높이는 데 기여한다. 청소년기는 감정이 불안정하고 스트레스에 민감한 시기이다. 이때 적절한 운동은 스트레스 해소에 큰 도움이 되며, 피클볼은 집중과 반응을 요하는 운동으로 몰입의 즐거움을 제공한다. 특히 경기를 하면서 소소한 승리와 성취를 경험하는 것은 자기 효능감을 높이고 자존감을 키우는 데 긍정적으로 작용한다. 또한 운동을 통해 분비되는 엔도르핀은 우울감을 줄이고 기분을 전환시키는 데 효과적이어서 학업 스트레스에 시달리는 청소년에게 큰 위로가 될 수 있다.

중학교 학생들이
피클볼 수업에
참여하는 모습

피클볼 수업에 참여하는 여학생들

❸ 피클볼은 사회성 향상에 효과적인 스포츠이다. 대부분의 피클볼 경기는 복식으로 진행되기 때문에 자연스럽게 다른 사람과 소통하고 협력해야 한다. 이는 청소년들이 팀워크와 배려, 커뮤니케이션 능력을 기를 수 있는 좋은 기회가 된다. 더 나아가 경기 중에는 규칙을 지키고 상대를 존중하는 태도가 중요하기 때문에 스포츠맨십을 체득할 수 있다. 이러한 경험은 청소년이 올바른 사회적 태도와 공동체 의식을 형성하는 데 큰 밑거름이 된다. 또한 피클볼을 통해 또래뿐만 아니라 다양한 연령층과도 교류할 수 있어 인간관계의 폭이 넓어진다.

❹ 피클볼은 청소년의 학업에도 긍정적인 영향을 줄 수 있다. 운동과 학습 능력 사이의 연관성은 이미 다양한 연구를 통해 증명된 바 있다. 피클볼과 같은 운동은 두뇌의 혈류를 증가시키고 주의력을 향상시키는 데 도움이 되며, 이는 곧 학습 집중력과 성취도 향상으로 이어질 수 있다. 특히 피클볼은 규칙적이고 지속적인 참여가 가능한 운동이기 때문에, 일상의 리듬을 잡고 자기 관리를 하는 데도 도움을 준다. 운동을 병행하는 청소년은 자기 조절력이 강해지며, 이는 학업 계획에도 긍정적인 영향을 미친다.

결론적으로, 피클볼은 단순한 스포츠를 넘어 청소년의 전반적인 성장에 큰 영향을 줄 수 있는 유익한 활동이다. 건강한 신체 발달, 스트레스 해소, 자존감 향상, 사회성 발달, 학업 집중력 증가 등 다양한 긍정적 효과를 가진 피클볼은 청소년들이 즐겁게 참여하면서도 삶의 질을 높일 수 있는 훌륭한 수단이다. 따라서 학교나 지역 사회에서도 피클볼 프로그램을 적극적으로 도입하고, 청소년들이 쉽게 접근할 수 있는 환경을 조성해주는 것이 바람직하다. 건

강하고 행복한 청소년기를 위한 새로운 선택지, 그것이 바로 피클볼이다.

한국 학교 체육에서 활성화되기 위해 극복해야 할 도전 과제들

우리나라 학교 체육에서 피클볼이 활성화될 가능성은 충분히 있지만, 몇 가지 도전 과제도 존재한다.

❶ 현재 한국 학교 체육의 정규 수업에서는 축구, 농구, 배드민턴, 탁구, 피구 등이 주류인 상황이다. 피클볼이 정규 체육 교과 교육 과정에 포함되지 않으면 선택 수업이나 방과 후 활동에 국한될 가능성 있다. 체육 교사들이 피클볼을 정규 체육 교과 교육 과정에 포함시키는 것을 희망할 경우 얼마든지 가능하다. 이미 피클볼을 체육 교과 교육 과정에 포함시켜서 수업을 운영하는 초등학교, 중학교, 고등학교 체육 수업 사례들이 나타나고 있다.

❷ 체육 교사들이 피클볼을 잘 알지 못하면 수업 진행이 어렵다. 체육 교사를 양성하는 대학에서 피클볼을 지도할 수 있는 역량과 전문성을 키우는 교육이 강화되어야 하고 학교 현장의 체육 교사를 대상으로 하는 피클볼 연수 프로그램이 확대되어야 한다. 전국의 초중고 교사들의 피클볼에 관한 관심이 점차 증가하고 연수를 희망하는 교사들이 늘어나고 있으나 교사 대상 피클볼 연수는 충분하게 진행되고 있지 못하다.

❶, ❷ 2023 대한민국 체육교육축전 전국 체육 교사를 위한 피클볼 강습

❸ 피클볼 장비 구입에 대하여 학교가 갖는 부담이 크다. 피클볼 패들과 공이 학교 체육 수업으로 자리 잡기 위해서는 저렴한 비용으로 피클볼 패들과 공을 구입할 수 있어야 한다. 이를 위해서는 피클볼 장비를 국내 업체에서 생산하고 유통하는 것이 활성화될 필요가 있다.

학교체육tv 채널에서
소개하는 피클볼 대회 영상

❹ 아직 피클볼이 한국에서 대중적으로 널리 알려지지 않은 상태이기에 피클볼의 인지도를 높이기 위한 홍보 및 체험 기회가 필요하다. 피클볼 관련 단체의 적극적인 홍보와 대회 개최, 생활체육지도자 육성 및 관리, 국제 대회 참가 등의 노력이 필요할 것이다. 최근 피클볼 전용 경기장이 늘어나며 지역 사회에서 피클볼이 확산되는 중요한 계기가 되고 있어 긍정적이라고 할 수 있다.

🏓 피클볼이 한국에서 실버 스포츠로 활성화될 가능성과 전망

현대 사회는 급속한 고령화 현상을 겪고 있다. 특히 한국은 세계에서 가장 빠르게 고령화가 진행되고 있는 국가 중 하나로 머지 않아 전체 인구의 20% 이상이 65세 이상의 고령자가 되는 '초고령 사회'에 진입할 예정이다. 이에 따라 고령자의 건강 증진, 사회적 고립 해소, 여가 활동 보장 등을 위한 실버 스포츠의 중요성은 날로 증가하고 있다. 이러한 흐름 속에서 최근 전 세계적으로 인기를 끌고 있는 스포츠인 피클볼이 한국에서도 실버 세대를 중심으로 활성화될 가능성이 주목받고 있다.

⬤ 실버 스포츠로서 피클볼의 특성

피클볼은 간단한 규칙과 비교적 낮은 신체적 부담, 그리고 빠른 학습 곡선 덕분에 남녀노소 누구나 쉽게 즐길 수 있다는 장점을 갖는다. 특히 고령자들에게는 무릎과 관절에 무리가 가지 않는 점, 격렬한 움직임보다는 정확한 타격과 전략적 플레이가 중요한 점 등이 실버 세대의 체력적 조건과 잘 부합한다. 미국에서는 이미 수백만 명의 60대 이상 인구가 피클볼을 즐기고 있으며, 관련 커뮤니티와 대회도 활성화되어 있다.

피클볼 운동으로 건강을 단련하는 시니어

🌐 한국의 고령화 사회와 실버 스포츠의 필요성

한국은 빠르게 고령화가 진행되고 있는 사회다. 통계청에 따르면 2024년 기준 65세 이상 고령 인구는 약 950만 명에 이르며, 이는 전체 인구의 약 18.5%를 차지한다. 특히 베이비부머 세대가 본격적으로 고령층에 진입함에 따라 실버 세대의 여가 및 건강 관련 수요는 급증하고 있다. 하지만 기존의 실버 스포츠는 한정적이며, 게이트볼, 체조, 걷기 등에 편중되어 있어 다양성과 참여의 흥미 측면에서 아쉬운 점이 많다. 무엇보다 신체 활동을 통해 심리적, 정서적 건강을 증진하고, 사회적 연결망을 유지하는 것이 중요하다는 점에서 실버 세대에게 적절한 스포츠를 지속적으로 개발하고 도입하는 것이 시급한 과제로 떠오르고 있다.

⚙ 피클볼의 실버 스포츠로서의 적합성

피클볼은 실버 스포츠로서 여러 측면에서 높은 적합성을 가진다. 첫째, 운동 강도의 조절이 가능하다는 점이다. 피클볼은 짧은 거리 내에서 이뤄지는 게임이기 때문에 달리기나 점프와 같은 고강도 운동을 하지 않더라도 충분히 경기를 즐길 수 있다. 이는 체력적으로 무리가 있는 고령자들에게 매력적인 요소다. 둘째, 피클볼은 사회적 유대감을 강화하는 데 효과적이다. 복식 경기가 일반적이기 때문에 자연스럽게 커뮤니케이션이 발생하며, 이를 통해 고령자의 사회적 고립감을 해소하는 데 기여할 수 있다. 실제로 미국의 실버 세대 피클볼 동호회는 매우 활발하게 운영되고 있으며, 친목 도모와 커뮤니티 형성에 큰 역할을 하고 있다. 셋째, 초기 진입 장벽이 낮다. 필요한 장비가 간단하고 저렴하며, 코트 규모도 작아 체육관, 공원 등 기존의 공간을 활용해 쉽게 설치할 수 있다. 이는 한국의 좁은 공간 환경에도 잘 맞는다.

야외에서 피클볼을 즐기는 남녀노소 피클볼 동호인

⊕ 한국 내 피클볼 활성화 현황과 과제

한국에서도 최근 피클볼에 대한 관심이 점차 확산되고 있다. 일부 지자체에서는 피클볼 동호회를 지원하거나 생활 체육 프로그램에 도입하려는 움직임이 있으며, 서울, 부산, 대전 등지에서는 소규모 대회와 강습 프로그램이 운영되고 있다. 피클볼협회 등의 단체가 피클볼의 보급과 교육에 적극 나서고 있으며, 체육지도자와 코치 양성도 시작되고 있다. 하지만 여전히 활성화를 위한 제도적, 환경적 과제가 남아 있다.

첫째, 피클볼에 대한 인식 부족으로 인해 대중화가 더디다. 특히 실버 세대를 대상으로 한 홍보나 교육 프로그램이 부족해 참여를 유도하는 데 한계가 있다. 둘째, 전용 코트와 시설이 턱없이 부족하다. 기존의 배드민턴장이나 테니스장 일부를 활용할 수 있지만, 전용 시설 확대가 시급하다. 셋째, 정부나 지자체의 정책적 지원도 아직 미흡한 상황이다. 실버 체육 예산에서 피클볼이 차지하는 비중은 거의 없다시피 하며, 체계적인 지원 방안이 마련되어 있지 않다.

⊕ 실버 스포츠로서의 피클볼 활성화 전략과 전망

피클볼을 한국의 실버 스포츠로 활성화시키기 위해서는 몇 가지 전략적 접근이 필요하다.

첫째, 피클볼의 인식 제고를 위한 캠페인과 미디어 노출 확대가 필요하다. 실버 세대가 자주 접하는 TV, 라디오, 지역 신문, 주민센터 등을 통해 피클볼의 장점과 즐거움을 알리는 콘텐츠를 제작하고 확산시켜야 한다. 둘째, 커뮤니티 중심의 접근 방식이 중요하다. 지역 사회에서 소규모 동호회와 자조 모임을 활성화시키고, 이를 중심으로 정기적인 교육 프로그램과 친선 경기를 운영함으로써 참여를 지속적으로 유도할 수 있다. 셋째, 정부와 지방자치단체의 제도적 지원이 필수적이다. 노인 복지관, 체육 센터 등에 피클볼 코트를 설치하고, 강사를 양성해 배치하며, 시범 사업과 대회 개최 등을 통해 제도화된 틀을 만들어야 한다. 넷째, 민간과의 협력도 중요하다. 스포츠용품 업체, 헬스케어 기업, 보험사 등이 피클볼을 활용한 공동 마케팅, 건강 프로그램, 시니어 웰니스 콘텐츠 개발에 참여할 수 있다. 이러한 전략이 실현될 경우, 피클볼은 단순한 여가 활동을 넘어 실버 세대의 건강을 지키고, 사회적 관계망을 유지하며, 삶의 질을 높이는 중요한 실버 스포츠로 자리매김할 수 있다.

노인의 치매 예방에 효과적인 피클볼

최근 몇 년 사이에 피클볼이라는 스포츠가 노인들 사이에서 큰 인기를 끌고 있다. 피클볼이 노인의 치매 예방에 실제로 도움이 되는지에 대한 연구와 논의가 활발히 이루어지고 있다. 이번 글에서는 피클볼이 치매 예방에 미치는 영향에 대해 알아보려 한다.

⊕ 치매 예방을 위한 운동의 중요성

치매는 대개 나이가 들어감에 따라 뇌의 기능이 퇴화하면서 발생하는 질환이다. 치매의 주요 원인으로는 알츠하이머병, 혈관성 치매 등이 있으며, 치매는 기억력 감퇴와 함께 사고력, 언어 능력, 일상 생활에서의 독립성을 저하시킨다. 치매를 예방하는 가장 효과적인 방법 중 하나는 규칙적인 신체 운동이다. 운동은 뇌에 긍정적인 영향을 미치며, 뇌의 신경 회로를 자극하고 새로운 신경 세포 생성을 촉진한다. 또한 운동을 통해 스트레스 호르몬이 감소하고, 기분이 좋아지며, 신체 건강을 유지할 수 있어 치매 예방에 중요한 역할을 한다.

피클볼을 즐기는 시니어 플레이어

⊕ 피클볼의 뇌 기능 향상 효과

피클볼이 노인의 뇌 건강에 긍정적인 영향을 미칠 수 있는 이유는 그 자체가 신체적 운동뿐만 아니라 정신적인 자극을 동시에 제공하기 때문이다. 피클볼은 상대방의 공을 빠르게 반응해 받아치거나 공을  치기 위해 집중해야 하므로 뇌를 지속적으로 자극한다. 특히 반사 신경을 필요로 하는 이 스포츠는 주의력, 집중력, 그리고 빠른 의사 결정을 요구한다. 이러한 요소들은 뇌의 인지 기능을 활발히 유지하는 데 도움을 줄 수 있다. 실제로 연구에 따르면, 운동은 뇌의 해마 영역을 활성화시키는데, 해마는 기억을 형성하고 저장하는 역할을 한다. 피클볼을 비롯한 규칙적인 신체 활동은 해마의 크기와 기능을 유지하는 데 도움이 되며, 이는 치매 예방에 중요한 요소로 작용할 수 있다. 또한, 피클볼을 통해 지속적으로 운동하는 사람들은 일상적인 스트레스와 우울감을 감소시킬 수 있어 치매의 위험 요인인 정신적 피로와 우울증을 예방하는 데에도 효과적이다.

⊕ 사회적 상호 작용과 치매 예방

피클볼은 혼자 하는 운동이 아니라 다른 사람들과의 상호 작용이 중요한 스포츠다. 노인들에게 사회적 상호 작용은 매우 중요한 뇌 건강 요소로, 친구나 동료들과의 정기적인 만남은 정신적인 활력을 제공하고 고립감을 줄여준다. 고립된 생활을 하는 노인은 치매의 발병 위험이 높아진다는 연구 결과도 있다. 따라서 피클볼과 같은 스포츠에서의 사회적 상호 작용은 신경 퇴화를 방지하고 뇌의 건강을 증진시키는 데 중요한 역할을 한다. 사회적 활동이 뇌 건강에 미치는 긍정적인 영향은 매우 크다. 서로 협력하고 경쟁하며 의사소통을 하는 피클볼은 단순히 신체적 운동에 그치지 않고, 인지적 및 사회적 자극을 제공한다. 연구에 따르면, 사회적 활동에 참여하는 노인들은 뇌의 인지 기능이 더 오래 유지되는 경향이 있다. 피클볼을 통해 친구나 이웃들과의 관계를 강화하고, 공동의 목표를 가지고 운동을 하는 경험은 노인들에게 심리적 안정을 제공하고 치매 예방에 기여할 수 있다.

피클볼 경기 모습

⊕ 피클볼의 신체적 효과

　피클볼은 저강도 운동으로 분류되지만, 지속적인 운동을 통해 심폐 기능을 개선하고 근육을 강화하는 데도 도움을 준다. 특히 피클볼은 유연성과 균형 감각을 향상시키는 데 유효하다. 나이가 들수록 균형을 잃기 쉬운 노인들에게 균형 감각은 낙상 위험을 줄이는 데 중요한 역할을 한다. 낙상은 노인들에게 심각한 부상을 초래할 수 있으며, 이러한 부상은 치매 발병을 가속화할 수 있다. 피클볼을 통한 균형 유지와 근육 강화는 이러한 부상의 위험을 줄이는 데 기여할 수 있다. 또한, 피클볼은 비교적 낮은 강도의 운동이지만, 지속적인 활동을 통해 체중을 조절하고, 혈당과 콜레스테롤 수치를 개선할 수 있다. 이러한 신체적 건강의 증진은 치매 예방의 중요한 요소 중 하나인 혈액 순환 개선에도 큰 도움이 된다.

피클볼 대회 중 경기 모습

⊕ 치매 예방을 위한 피클볼의 실천

피클볼이 치매 예방에 효과적일 수 있다는 연구 결과들이 있지만, 실제로 피클볼을 치기 위해서는 올바른 방법으로 운동을 시작하는 것이 중요하다. 노인은 피클볼을 시작하기 전에 충분한 준비 운동과 스트레칭을 통해 부상 위험을 줄여야 한다. 또한, 피클볼은 고강도 운동이 아니지만, 처음 시작하는 사람은 체력에 맞는 강도로 운동을 시작하는 것이 필요하다. 지나치게 과도한 운동은 오히려 체력에 부담을 줄 수 있기 때문이다. 피클볼을 할 때는 규칙적인 시간을 두고 꾸준히 운동해야 효과를 볼 수 있다. 하루에 30분에서 1시간 정도의 운동을 주 3~4회 이상 하는 것이 이상적이다. 또한, 운동 중에는 충분히 수분을 섭취하고, 운동 후에는 스트레칭을 통해 근육을 이완시켜 부상을 예방할 필요가 있다.

🏓 피클볼이 창출하는 스포츠 직업의 가능성

스포츠는 이제 단순한 신체 활동이나 오락의 범주를 넘어 경제, 교육, 문화, 복지 등 다양한 분야와 융합하며 새로운 직업을 만들어내는 산업으로 자리매김하고 있다. 특히 최근 급속한 성장세를 보이고 있는 피클볼은 그러한 스포츠 중에서도 단연 주목받는 신흥 종목이다. 피클볼은 미국을 중심으로 전 세계적으로 빠르게 확산하고 있다. 이러한 인기와 확산은 피클볼을 중심으로 한 다양한 직업 창출로 이어지고 있으며, 이는 스포츠 산업의 미래를 밝히는 긍정적인 신호로 볼 수 있다. 피클볼이 창출하는 스포츠 직업의 가능성을 알아보자.

❶ 피클볼이 창출하는 대표적인 직업군은 바로 프로 선수 및 관련 인력이다. 피클볼은 이제 레크리에이션의 영역을 넘어 프로 스포츠로 성장하고 있으며, 실제로 미국에서는 전국 단위의 리그가 운영되고 있다. 이에 따라 전업 선수뿐 아니라 코치, 트레이너, 경기 심판, 선수 매니저 등 다양한 직업이 함께 성장하고 있다. 이들은 경기력 향상, 훈련 프로그램 개발, 공정한 경기 운영 등의 분야에서 필수적인 역할을 수행한다.

피클볼 지도법 연수와 자격 검정에 참여한 체육 교사

❷ 한국에서 피클볼의 대중화는 교육 산업의 확장으로 이어지고 있다. 피클볼 강사와 레슨 지도자, 피클볼 아카데미 운영자 등은 초보자부터 고급자에 이르기까지 다양한 수강자를 대상으로 교육을 제공한다. 학교 체육 수업이나 지역 커뮤니티 활동 속에서도 피클볼은 정규 스포츠로 편입되고 있어, 전문 코치나 체육 지도자의 역할도 점점 중요해지고 있다. 향후 이러한 교육 활동은 중장년층의 은퇴 후 직업으로도 각광받을 것으로 예상된다.

❸ 점차 피클볼 전용 시설의 증가됨에 따라 운영 및 관리 관련 직업도 창출되고 있다. 클럽 매니저, 시설 관리자, 유지 보수 인력, 이벤트 기획자 등은 피클볼 리그 및 대

피클볼 대회에 참여하여 경기하는 모습

회를 원활히 운영하는 데 핵심적인 인물들이다. 특히 기존 테니스장이나 실내 체육관을 피클볼 코트로 리모델링하는 사례가 많아지면서 스포츠 시설을 활용한 부동산 및 지역 경제 활성화와도 연결될 수 있을 것으로 예상한다.

❹ 피클볼은 특수한 장비를 사용하는 스포츠로, 스포츠용품 제조 및 유통 산업에서도 새로운 직업이 생겨나고 있다. 패들, 공, 전문화된 스포츠 의류 및 신발 등의 설계와 생산에 참여하는 디자이너, 품질 관리자, 마케팅 전문가, 판매 유통 인력 등이 필요하다. 향후에 온라인 쇼핑몰과 SNS를 통해 자체 피클볼 브랜드를 운영하는 1인 기업들도 증가할 것으로 예상되고 창업 기회로서의 잠재력도 점점 커지고 있다.

❺ 피클볼의 인지도가 높아지면서 미디어 및 콘텐츠 산업에서도 직업이 다양화될 것으로 예상된다. 유튜브나 SNS를 기반으로 활동하는 피클볼 인플루언서, 영상 제작자, 콘텐츠 기획자 등의 역할은 피클볼의 대중화를 이끌며 동시에 새로운 수익 모델을 만들어낸다. 특히 젊은 세대와 액티브 시니어층을 동시에 타깃으로 삼을 수 있는 콘텐츠는 더욱 폭넓은 시장을 형성하고 있다.

❻ 피클볼은 중장년층과 고령자에게도 적합한 운동으로 인식되면서 헬스케어 및 피트니스 산업과도 밀접한 연관을 맺고 있다. 운동처방사, 재활 트레이너, 스포츠 심리 상담사, 영양사 등은 피클볼을 통해 건강한 라이프스타일을 유지하고자 하는 사람들에게 전문적인 지원을 제공하는 일이 점점 늘어날 것이다.

❼ 피클볼은 스포츠 관광 산업에서도 새로운 가능성을 보여줄 것으로 기대된다. 국제 대회, 피클볼 캠프, 리조트 투어 등 다양한 피클볼 여행 상품이 개발될 가능성이 있으며, 이와 관련하여 스포츠 투어 기획자, 여행사 직원, 통역사, 리조트 운영자 등의 직업이 확대될 것으로 예상한다.

🏓 피클볼이 생활 체육으로 자리잡을 가능성

최근 몇 년간 한국에서는 다양한 생활 체육 활동이 인기를 끌고 있으며, 그 중에서도 '피클볼(Pickleball)'이 점차 주목받고 있다. 피클볼은 비교적 간단한 규칙과 저렴한 장비 비용, 그리고 적당한 신체적 부담 덕분에 빠르게 확산되고 있다. 특히, 노년층을 포함한 다양한 연령층에서 접근할 수 있는 점이 큰 장점으로 꼽히며, 한국에서 이 스포츠가 생활 체육으로 자리 잡을 가능성이 커지고 있다.

⊕ 피클볼의 기본적인 특성과 장점

피클볼은 미국에서 시작된 스포츠로, 오늘날 전 세계적으로 인기를 끌고 있다. 피클볼 경기는 빠르게 진행되며, 테니스나 배드민턴과는 달리 작은 공을 사용하고, 패들의 크기도 작아 비교적 적은 힘으로도 경기를 즐길 수 있다. 피클볼의 가장 큰 특징 중 하나는 누구나 쉽게 배울 수 있다는 점이다. 규칙이 간단하고, 신체적으로 큰 부담을 주지 않으므로 초보자부터 고령자까지 다양한 연령층이 쉽게 적응할 수 있다. 또한, 경기 방식이 빠르게 끝나기 때문에 부담 없이 여러 번 경기를 할 수 있다는 점도 장점이다. 이러한 특성은 특히 바쁜 일정을 소화하는 현대인들에게 매력적이다.

⊕ 한국의 생활 체육 환경과 피클볼의 가능성

한국에서 배드민턴, 탁구, 배구 등은 한국인들에게 매우 친숙한 스포츠로 자리잡았다. 이러한 스포츠들은 대체로 실내에서 간단하게 즐길 수 있기 때문에 날씨나 장소에 관계없이 많은 사람들이 즐길 수 있는 특성을 가지고 있다. 피클볼은 바로 이러한 특성 덕분에 한국에서 빠르게 자리잡을 가능성이 크다. 특히 한국은 노년층의 비율이 높고,

실내 하드 코트에서 피클볼을 즐기는 팀 율라 피클루션 선수들

고령화 사회에 진입하고 있기 때문에 피클볼의 대상층은 바로 이들 노년층이다. 신체적인 부담이 적고, 규칙이 간단하여 노년층도 손쉽게 배울 수 있다. 또한, 피클볼은 파트너와 함께 할 수 있는 복식 경기 방식이 일반적이어서 사회적 소통을 촉진하는 효과도 있다. 이러한 점은 고독감을 느끼기 쉬운 노년층에게 긍정적인 영향을 미칠 수 있다.

🌐 피클볼의 인프라 확장 가능성

피클볼이 한국에서 생활 체육으로 자리 잡기 위해서는 인프라 확장이 필요하다. 현재 한국 내에서는 피클볼을 즐길 수 있는 전용 코트나 시설이 부족한 상황이다. 하지만 최근 몇 년간 피클볼에 대한 관심이 높아지면서 일부 지역에서는 피클볼 전용 코트를 설계하거나 기존의 테니스 코트를 개조하여 사용하고 있다. 서울과 인천을 비롯한 대도시에서는 피클볼을 위한 전용 시설을 확장하는 움직임이 있다. 여러 지자체에서는 피클볼을 활성화하기 위한 시범 사업을 벌이고 있으며, 이에 따라 점차적으로 피클볼을 즐길 수 있는 공간이 늘어나고 있다. 피클볼의 인프라 확장 가능성은 주로 정부와 지자체의 적극적인 지원에 달려 있다. 많은 지역에서 피클볼에 대한 인식이 부족한 상황에서, 정부와 지자체는 피클볼의 장점을 홍보하고, 이를 위한 시설을 확대하는 노력이 필요하다. 피클볼을 위한 전용 코트나 다목적 체육관에 설치된 피클볼 코트 등 다양한 형태의 인프라가 필요하다.

경기도 화성시 봉담읍에 있는 2025 The Line 실내 피클볼 전용구장

🌐 피클볼의 사회적 및 경제적 효과

피클볼의 확산은 단순히 스포츠 활동의 증가에 그치지 않는다. 피클볼이 널리 퍼지면 경제적 측면에서도 긍정적인 효과를 불러올 수 있다. 예를 들어, 피클볼 관련 용품과 장비를 제조하는 기업들이 성장할 수 있으며, 피클볼 코트를 운영하는 시설들도 상업적 기회를 얻을 수 있다. 또한, 피클볼을 기반으로 한 대회나 리그가 활성화되면 스포츠 관광 산업에도 긍정적인 영향을 미칠 수 있다. 사회적으로는 피클볼이 다양한 연령층의 소통과 협력을 촉진하는 역할을 할 수 있다. 스포츠는 사회적 관계를 형성하는 중요한 도구로 작용하며, 피클볼은 그 특성상 연령에 관계없이 쉽게 접근할 수 있기 때문에 세대 간 교류를 촉진할 수 있다. 이는 가족 단위의 참여를 장려하고, 지역 사회 내에서의 유대감을 강화하는 데 기여할 수 있다.

🌐 피클볼의 확산을 위한 과제

피클볼이 한국에서 생활 체육으로 자리잡기 위해서는 몇 가지 과제가 있다. 첫 번째로, 피클볼에 대한 인식 확산이 필요하다. 현재 피클볼은 일부 마니아들만 알고 있는 스포츠일 뿐 대중적인 인식은 아직 부족하다. 이를 위해서는 피클볼에 대한 교육 프로그램을 강화하고, 미디어를 통해 피클볼의 장점과 매력을 널리 알리는 것이 중요하다.

두 번째로, 전문가와 지도자의 양성이 필요하다. 피클볼이 인기를 끌기 위해서는 대중들이 정확한 규칙과 기술을 배울 수 있는 기회가 제공되어야 한다. 이를 위해 전문 강사나 지도자가 필요하며, 이러한 전문가를 양성하는 시스템도 구축되어야 한다. 세 번째로, 피클볼 전용 시설의 부족을 해결해야 한다. 피클볼을 즐기려면 전용 코트나 적합한 공간이 필요하다. 이를 위해 정부나 지자체가 피클볼 전용 시설을 확대하고, 기존 체육관을 리모델링하여 피클볼 코트를 추가하는 등의 방법을 모색해야 한다.

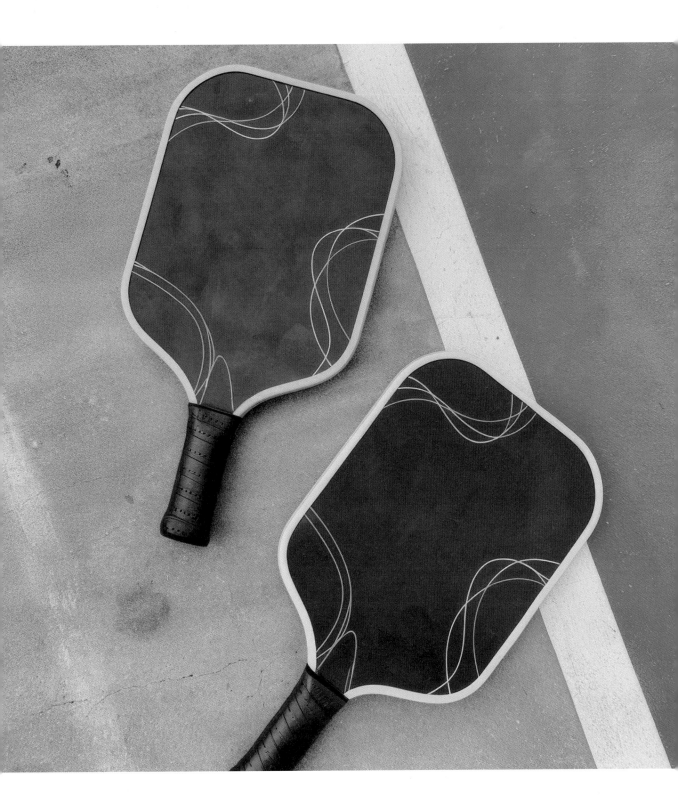

피클볼에 관한
교사들의 인식 조사

초등 교사, 중등 체육 교사, 스포츠 강사를 대상으로 피클볼에 대한 인식과 경험 등을 조사하기 위한 설문 조사를 실시했다. 설문은 다음과 같은 내용으로 시작되었다.

안녕하세요, 선생님 여러분!

최근 학교 체육 현장에서 새로운 스포츠 종목으로 주목받고 있는 '피클볼'에 대한 관심이 점점 높아지고 있습니다.

피클볼은 남녀노소 누구나 쉽게 접근할 수 있고, 공간의 제약도 적어 학교 수업이나 방과후 활동, 학교 스포츠클럽 등 다양한 교육 현장에서 활용 가능성이 큰 종목입니다. 이에 따라, 현재 현장에서 활동 중인 초등 교사, 중등 체육 교사, 스포츠 강사들의 피클볼에 대한 인식과 경험을 파악하고, 앞으로의 교육적 활용 가능성과 도입 방향을 모색하고자 간단한 설문 조사를 진행합니다. 선생님들의 소중한 의견은 현장의 목소리가 되어, 향후 체육 수업 및 정책 제안, 자료 개발 등에 큰 도움이 될 것입니다.

설문 응답은 3~5분 정도 소요되며, 응답 내용은 익명으로 처리됩니다. 귀한 시간 내어 설문에 참여해 주신다면, 미래 체육 교육의 방향을 함께 만들어가는 뜻깊은 일이 될 것입니다. 바쁘시겠지만 많은 참여 부탁드립니다! 감사합니다.

설문에는 162명이 참여했다. 설문 결과를 정리해보겠다.

설문 참여자들의 기본 정보

    설문에는 총 162명의 선생님들이 참여했는데, 근무지를 보면 초등학교가 11.1%, 중학교가 51.9%, 고등학교가 34%로 나타났다.

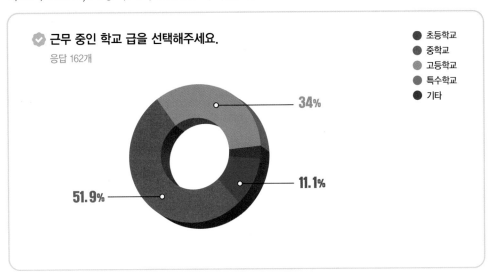

    설문에 참여하신 선생님들의 교직 경력을 살펴보았다. 1년 이상 5년 미만의 선생님들이 24.7%, 6년 이상 10년 미만의 선생님들이 23.5%, 11년 이상 20년 이하의 선생님들이 30.2%, 21년 이상의 선생님들이 17.3%로 나타났다.

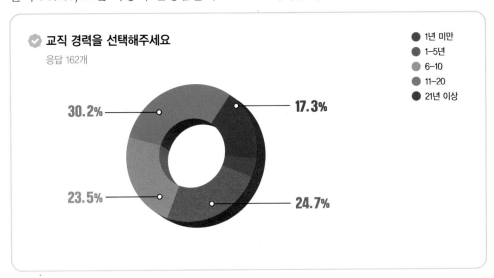

🏓 설문 참여자들의 피클볼에 대한 인식

설문에 참여한 162명의 선생님들 중에서 피클볼에 대해 들어본 적이 있다고 응답한 비율은 97.5%로 나타나 대부분의 선생님들은 피클볼에 대해 들어본 경험을 갖고 있었다. 피클볼에 대해 얼마나 알고 있는지를 물어본 결과 '들어본 적이 있다'라는 응답이 27.2%로 나타났고 '기본적인 규칙은 알고 있다'라는 응답이 17.3%로 나타났다. '직접 해본 적이 있다'라는 응답이 31.5%로 나타났고 '수업이나 대회 등을 통해서 자세히 알고 있다'라는 응답이 21%로 나타났다. 한국에 피클볼이 들어온 것이 아직 10년도 넘지 않은 상황을 고려하면 피클볼을 해본 경험을 갖고 있거나 피클볼을 수업이나 대회를 통해 자세히 알고 있는 비율이 상당히 높게 나타난 것으로 보인다. 그만큼 피클볼의 한국 사회 전파 속도가 빠르다는 것을 알 수 있다.

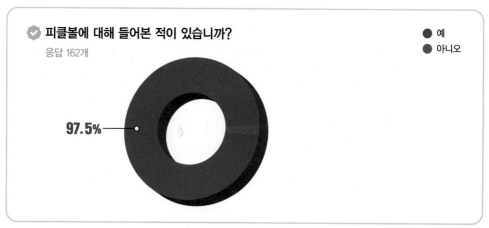

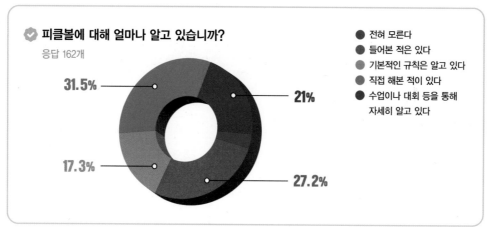

설문에서 피클볼이 학교 체육에 적합하다고 생각하는지를 물어보았다. '매우 그렇다'라는 응답 48.1%이고 '그렇다'라는 응답이 41.4%로 나타나 '보통이다'라는 응답률 10.5%보다 훨씬 높은 것을 보면 선생님들은 피클볼이 학교 체육에 상당히 적합한 종목이라고 판단하고 있었다.

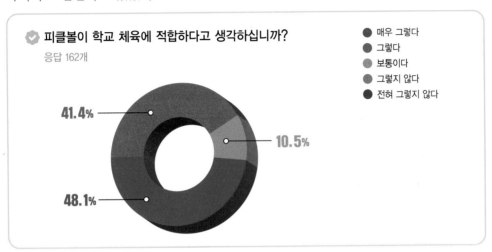

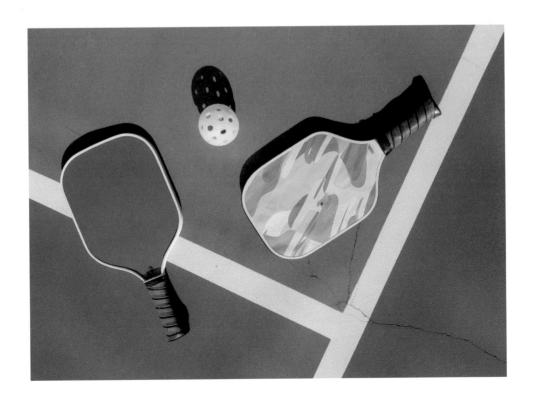

🏓 피클볼 지도 경험

피클볼을 체육 수업에서 지도한 경험을 갖고 있는 선생님들은 38.5%로 나타나 상당히 많은 학교에서 피클볼 수업이 진행되었다는 사실을 파악할 수 있었다.

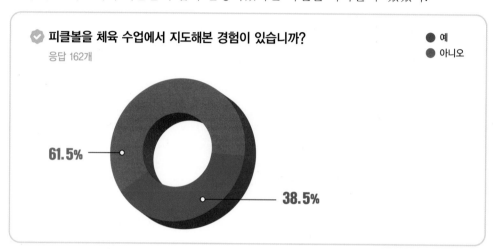

피클볼을 체육 수업에서 지도한 경험을 갖고 있는 선생님들이 어떤 학년 수업에 적용했는지를 파악한 결과 초등학교 저학년은 없었고, 초등학교 고학년이 7.8%, 중학교가 46.9%, 고등학교가 45.3%로 나타났다. 이 설문 결과를 통해 피클볼이 초등학교보다는 중학교와 고등학교에서 더 활성화되었다는 것을 알 수 있다.

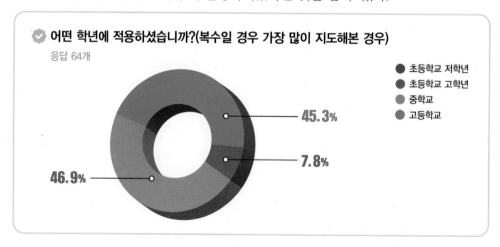

🏓 피클볼 시설 및 환경 실태

피클볼을 할 수 있는 공간이나 시설에 관하여 물어보았더니 '충분히 갖추어져 있다'라는 응답이 31.5%, '일부 갖추어져 있다'라는 응답이 50.6%로 나타나 피클볼을 할 수 있는 공간이 80%가 넘게 갖추어져 있었다.

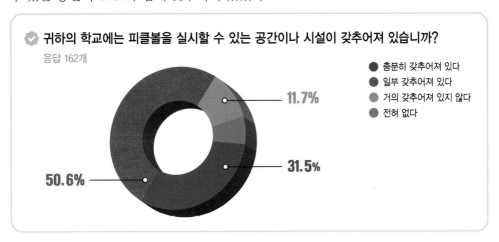

✅ **귀하의 학교에는 피클볼을 실시할 수 있는 공간이나 시설이 갖추어져 있습니까?**

응답 162개

● 충분히 갖추어져 있다
● 일부 갖추어져 있다
● 거의 갖추어져 있지 않다
● 전혀 없다

11.7%
31.5%
50.6%

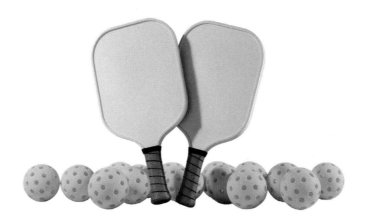

피클볼 수업 운영 시 가장 큰 어려움에 관한 질문에 복수 응답이 가능하도록 하여 응답하도록 했는데, 공간 부족(50.3%)과 장비 부족(46.6%)이 가장 높은 비율로 나타났다. 많은 학교에서 체육관 배드민턴 경기장에서 피클볼을 지도하고 있어 피클볼을 할 수 있는 공간이나 시설은 갖추고 있다고 답했으나 피클볼 전용 경기장이 아닌 경우가 많았다. 대개 학교 체육관 공간을 여러 학년의 학생들이 함께 사용하기에 피클볼을 할 수 있는 공간 부족을 피클볼 수업 운영 시 가장 큰 어려움으로 인식하고 있었다. 더불어 장비가 부족하다고 응답한 비율이 높은 것을 보면 피클볼 패들과 공을 학교 현장에 더 적극적으로 보급할 필요성이 있다고 판단된다. 설문 결과에서 피클볼 수업 운영 시 어려운 부분을 지도 교사의 역량 부족(42.2%)이라고 생각한 것을 보면 체육 교사 대상의 피클볼 연수가 더 활성화되어야 할 필요성이 커 보인다.

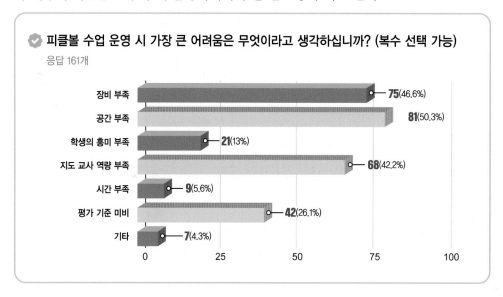

✅ 피클볼 수업 운영 시 가장 큰 어려움은 무엇이라고 생각하십니까? (복수 선택 가능)

응답 161개

장비 부족	75(46.6%)
공간 부족	81(50.3%)
학생의 흥미 부족	21(13%)
지도 교사 역량 부족	68(42.2%)
시간 부족	9(5.6%)
평가 기준 미비	42(26.1%)
기타	7(4.3%)

🏓 향후 피클볼 수업의 의지 및 지원 필요성

피클볼을 체육 수업에 도입할 의향을 물어보는 질문에 대해 '매우 있다'라는 응답이 65.8%, '어느 정도 있다'라는 응답이 29.2%로 상당히 높게 나타나 피클볼 수업을 실행하려는 의지가 높은 선생님들이 많은 것으로 나타났다.

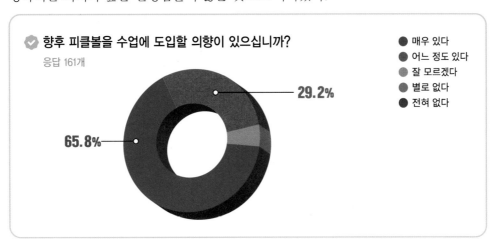

피클볼 수업 활성화를 위해 필요한 지원이 무엇이냐는 질문에 대해서 복수 응답이 가능하도록 물어본 결과, '교사 연수 제공'이 71.3%로 가장 높게 나타났고 '수업 지도안 및 자료 개발과 제공'이 63.7%로 그 뒤를 이었고 '시설 개선'이 31.9%, '학생 대상 홍보 및 대회'가 30.6%로 나타났다.

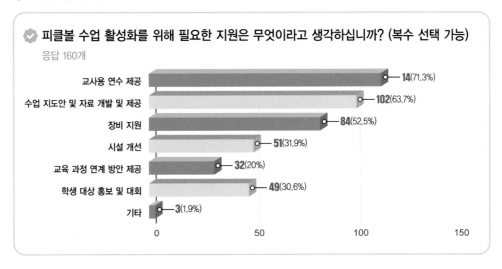

앞 질문 외에도 피클볼 수업 활성화를 위해 필요한 지원에 관하여 추가적으로 답해 주신 선생님들의 의견들은 이렇다.

김 교사: 농구, 축구, 배구, 플라잉디스크처럼 학교 스포츠 클럽 피클볼 대회가 개최되어야 활성화될 것입니다.

박 교사: 피클볼 체험 기회가 확대되어야 하고 교사 대상의 피클볼 연수가 전국적으로 진행되면 좋겠습니다. 지방에는 아직도 피클볼을 모르는 교사들도 많습니다. 피클볼 연수가 주로 수도권 위주로 진행되기 때문에 지방에 있는 저와 같은 교사들은 거리가 멀어서 참여하기가 힘듭니다. 피클볼 경기 규칙이 다소 복잡해서 알기 쉽게 설명해주는 연수나 수업 자료가 필요합니다.

안 교사: 교사의 피클볼 경험이 필요한데 주변에 피클볼을 경험할 수 있는 동호회나 클럽이 부족합니다. 그리고 학교마다 시설과 환경이 다르겠지만 단단한 재질의 바닥이나 실내 공간이 필요한데 피클볼 수업을 하기에 적절한 시설과 환경을 갖추지 못한 학교가 많을 것으로 생각합니다. 특히, 학급의 학생 수가 많은 대도시의 학교에서는 피클볼 수업 진행이 어려울 것이라고 생각합니다.

최 교사: 피클볼 평가 방법에 관한 정보와 자료 제공이 필요합니다. 피클볼을 체육 수업 시간에 가르치려면 피클볼을 어떻게 평가할 것인가에 대해 교사 스스로 답을 갖고 있어야 합니다. 피클볼 수업을 먼저 해본 교사들이 적극적으로 피클볼 수업 운영과 평가 사례를 공유해주어야 피클볼이 학교에서 더욱 활성화될 것입니다.

임 교사: 피클볼 장비가 수입 제품이 많아 구입에 부담이 큽니다. 특히 학교 체육과 예산 범위에서 얼마든지 구입할 수 있어야 합니다.

한 교사: 학교에서 전문적인 피클볼 강사를 초빙하여 학생들을 지도할 수 있도록 강사비를 지원해주면 좋겠습니다.

 곽 교사: 초등학교, 중학교, 고등학교 우수 피클볼 체육 수업 사례가 적극적으로 공유되어야 합니다. 게다가 피클볼을 소개하거나 경기 방법과 규칙을 안내하는 온라인 영상이 풍부하게 만들어져야 합니다.

 유 교사: 피클볼을 소재로 예능 프로그램이 만들어져서 연예인들이 참여하게 된다면 피클볼이 빠르게 알려질 것으로 생각합니다.

 장 교사: 피클볼협회에서 강사 파견, 장비 지원, 대회 개최 등의 적극적인 노력이 필요합니다. 가능하다면 초등학생을 위해서 피클볼 규칙도 조금 더 단순화하면 좋을 것 같습니다.

초등교사, 중등 체육 교사, 스포츠 강사를 대상으로 피클볼에 대한 인식과 경험 등을 조사하기 위한 설문 조사를 통해 피클볼이 학교 현장에 어느 정도 수준으로 확산되어 있는지를 알 수 있었다. 또한 피클볼 수업에 관한 선생님들의 의지를 파악할 수 있었고 피클볼 수업 활성화를 위한 현장 선생님들의 생생한 이야기를 들을 수 있었다.

저자 소개

곽정희

현) 대한피클볼지도자협회(KPLA) 교육 부장
   코리아우먼 피클볼(KWP) 부울경 지부장
   팀 율라 피클루션 선수
   피클곽 TV(유튜브) 운영

전) 대한피클볼지도자협회(KPLA) 수석 지도자
   팀 코리아 셀커크 선수
   일광중학교, 문경여자중학교 기간제 체육 교사
   모전중학교, 신정중학교, 정관중학교, 대청중학교 스포츠 강사

주요활동
- 2021~2022 경북도립대학교 평생교육원 피클볼 초중급반 강사
- 2022 전국여자체육교사모임 동계직무연수 피클볼 강사
- 2023 대한민국 체육교육축전 피클볼 강사
- 2023~2024 충북 괴산군 지역활성화센타 피클볼 강사
- 2024 전국체육교사 및 지도자를 위한 피클볼 지도법 연수
- 2024 부산광역시교육청 피클볼 지도교사 레벨업 직무 연수 강사

임성철

현) 운산고등학교 체육교사
   학교체육tv 운영자

전) 심원중학교, 심원고등학교, 원종고등학교, 광문고등학교 체육교사
   좋은체육수업나눔연구회 회장

저서
- 스포츠와 직업 & 체대진학 길라잡이
- 학교스포츠클럽으로 행복한 학교
- 체육수업으로 행복한 학교
- 모두를 위한 한국뉴스포츠, 세계로 GO! GO!
- 펀스쿨 레크리에이션
- 투투볼로 즐거운 학교체육
- 현장 연구자가 체육 교사가 권하는 체대 진학 길라잡이
- 37명의 스포츠 직업인 인터뷰를 통한 스포츠 진로 찾기

하소형

현) 대도중학교 교사
   청(청소년) 신(신나는) 호(호~옴) 체육수업(유튜브 채널, 다음 카페) 운영
   2024~2025 국가교육과정모니터링단 연수위원 활동(국가교육위원회/한국교육과정평가원)
   2022 개정교육과정 핵심 강사(교육부/경상북도교육청)
   전국체육교사모임 회장
   대한우슈협회 국내 심판
   대한탁구협회 국내 심판
   경북육상연맹 국내 심판

전) 문경중학교, 상주여자고등학교, 가은고등학교, 산북중학교 체육교사
   2015 개정교육과정 핵심 강사(교육부/경상북도교육청)
   2019~2020 수업전문가 인증(경상북도교육청)
   (사) 대한우슈협회 국제 심판
   (사) 100인의 여성체육인 회원
   교육과정 현장네트워크 경북 협의단 활동

수상 내역
- 2021 학교체육대상 체육수업내실화(개인) 수상(교육부/17개시도교육청/학교체육진흥회)

피클볼 완전정복 -기초부터 실전까지

초판 1쇄 인쇄 2025년 6월 10일
초판 1쇄 발행 2025년 6월 15일

저 자 곽정희·임성철·하소형
펴 낸 이 임순재
펴 낸 곳 (주)한올출판사
등 록 제11-403호
주 소 서울시 마포구 모래내로 83(성산동 한올빌딩 3층)
전 화 (02) 376-4298(대표)
팩 스 (02) 302-8073
홈페이지 www.hanol.co.kr
e - 메 일 hanol@hanol.co.kr
I S B N 979-11-6647-563-4

피클볼 완전정복

기초부터 실전까지